에피쿠로스의 정원

에피쿠로스의 정원

초판 1쇄 인쇄 2021년 7월 5일
초판 1쇄 발행 2021년 7월 20일

지 은 이 아나톨 프랑스
옮 긴 이 이민주
펴 낸 곳 B612북스
펴 낸 이 권기남

주   소 경기 양주시 백석읍 양주산성로 838-71, 107-602
전화번호 031)879-7831
팩   스 031)879-7832
이 메 일 b612books@naver.com
블 로 그 blog.naver.com/b612books
출판등록 2012년 3월 30일(제2012-000069호)

ISBN 978-89-98427-32-0   03100

• 책값은 뒤표지에 표시되어 있습니다.

에피쿠로스의 정원

Le Jardin d'Épicure

———

아나톨 프랑스 지음

이민주 옮김

B612 북스

차례

향긋한 숨을 내쉬는 그리스 정원은 꽃피우는 지혜의 초록빛 그
늘로 나를 감싸네.

—『베르길리우스 별록Appendix Vergiliana』중「시리스」제3구와 제4구

그대의 섬세한 손길을 우리는 왜 알지 못했나

오 고대 정원의 향기로운 숨결이여

오 케크롭스의 미풍이여, 그대는 성스러운 전달자요,

그대는 과거에 로마의 시인을 매혹했소.

...

바로 거기에서 우리의 눈은 차분한 미소를 띠며

저 멀리 유한한 삶을 사는 인간들의 실수를 목격할 수 있었을
것이오.

그것은 바로 야심과 사랑이고, 이 둘의 망상은 똑같소.

그리고 헛되게도 제단 위에 놓인 향은 타들어 가오.

— 프랑스 작가 프레데렉 플레시의 시집『진흙 전등』에 실린「에피쿠로
스의 정원」의 일부

게다가 당시 그리스에는 아주 힘겨운 시간이 도래했다. 그리스에서의 삶이 너무 어려워져 그는 두세 번 이오니아 지역의 친구들을 방문하러 길을 떠났다. 이전에는 여기저기에서 사람들이 그를 방문하러 오곤 했다. 아폴로도로스가 기록한 바와 같이 그는 80 미나를 주고 산 터에 마련한 정원에서 친구들과 담소를 나누며 지냈다.

— 디오게네스 라에르티오스의 『철학자들의 생애와 사상』 10권 1장 중

그는 아름다운 정원을 사들여 직접 그 땅을 일구었다. 그는 거기에서 자신의 학파를 이루었고, 제자들과 함께 온화하고 마뜩한 삶을 살았다. 그는 정원을 걸으며 또 정원을 일구며 제자들을 가르쳤다. 그는 온화했고, 누구에게나 정감 있게 대했다. 그는 철학에 몰두하는 것보다 고상한 일은 없다고 확신했다.

— 프랑스 철학자 페넬롱(1651-1715)의 청년 교육용 저서 『고대 철학자들의 생애』 중 축약

에피쿠로스의 정원

지구가 세상의 중심이고, 모든 천체가 지구 주위를 돈다고 굳게 믿었던 옛날 사람의 생각을 우리가 이해하기란 쉽지 않다. 그는 지옥 불에서 괴로워하는 중생이 자기 발밑에 있다고 믿었다. 아마도 갈라진 바위틈에서 새어 나오는 지옥의 유황 연기를 눈으로 보고 코로 냄새를 맡은 모양이다. 눈을 들어 하늘을 바라보며, 그는 열두 영역에 대해 깊은 생각에 빠진다. 우선 자연계를 이루는 원소들의 영역, 물과 공기를 가둔 영역에 대해 상상한다. 그리고는 1300년 성금요일 즈음에 이야기가 시작되는 단테의 『신곡』에서 묘사한 달과 수성과 금성의 영역을, 이어서 태양과 화성, 목성과 토성의 영역을 생각한다. 나아가 별들이 영영 변치 않는 모습으로 전등처럼 매달린 창공을 그려본다.[1]

사고의 능력이 상상을 확장해, 그는 정신의 눈으로 제9의 하늘을 발견한다. 그곳은 천국으로 인도된 성인들이 있는 원동천 primum mobile, 혹은 결정계라 불리는 영역이다. 마침내 그가 생각한 마지막 영역은 최고천Empyrée이다. 성인이 죽으면 흰옷을 입은 두 천사가 나타나—그러기를 옛사람들은 강렬히 소망했다—세례로 정화되고 마지막 성사 때 바른 향유 덕에 향기 나는 그의 영혼을 작은 아기를 다루듯 소중히 안고 날아갈 곳이요, 복자福者들이 머무는 곳에 대한 상상이었다. 그 시대에는 신의 자녀가 인간뿐이라 믿었기에, 모든 창조물이 하나의 거대한 성당처럼 유치하면서도 시적인 모습으로 묘사되었다. 이런 방식으로 착안한 우주는 너무도 간단해서, 커다란 기계식 천체 벽시계에다 실제 모형과 움직임을 담아 채색해, 그것이 우주 전체의 모습이라고 재현해두었을 정도였다. [2]

---

1 중세 유럽에서 생각한 지옥과 천국의 세계가 집대성되어 있고 작품에서 드러나는 영역을 도표로 그려볼 수 있는 단테의 『신곡』을 언급한 내용이다. 1300년 성금요일 즈음은 지옥 편이고, 아나톨 프랑스가 위에서 물과 공기 이후 언급한 아홉 개의 영역은 단테 작품에서 천국 편을 이루는 영역이다. 한편 학자들은 단테의 『신곡』이 사실은 1300년 성금요일 전날인 목요일에 시작한다고 보며, 『신곡』의 시작은 지옥 편이다.
2 여기에서 열두 영역은 물, 공기, 달, 수성, 금성, 태양, 화성, 목성, 토성, 창공, 원동천 그리고 최고천이다. 서양 고전에서도 완전히 고정된 개념은 아니고 저자에 따라 조금씩 달리 설명한다.

이제 열두 가지 천체와 행성의 자리에 따라 행복하거나 불행한, 아니면 발랄하거나 우울한 성격으로 태어난다는 점성학 같은 이야기는 통하지 않는다. 신비롭게 보이기만 하던 창공을 두른 견고한 천장이 무너져 내렸다. 우리의 시선과 우리의 생각은 심연과 같이 무한한 하늘을 향한다. 신에게 선택받은 자들이나 천사들이 머무는 최고천 대신, 우리는 이제 행성들조차 넘어선다. 눈에 보이지도 않는, 희미한 위성들을 거느린 새로운 태양들을 수억 개씩이나 발견하는 시대를 살고 있다. 이렇게 하나뿐이 아닌 '세계'의 무한함 앞에서 우리의 태양은 그저 가스 덩어리일 뿐이고, 지구는 진흙 자국 한 방울에 불과하다. 북극성에서 출발한 광선이 우리에게 닿는 데 반세기가 걸린다는 설명을 들으면, 그리고 아름다운 별 북극성이 우주 전체로 보면 우리 이웃이고 시리우스나 아르크투루스와 함께 태양계의 태양에 가장 가까운 자매별이라는 말을 들으면 우리는 우리의 짧은 상상력에 화가 나기도 하고 한편으로 놀라기도 한다. 천체 망원경을 통해 그 빛을 관찰할 수 있는 별 중에는 이미 3천 년 전에 소멸한 별도 있을지 모른다.

세상은 새로 태어나기에 스러진다. 스러지기에 태어나고 태어나기에 스러지기를 끊임없이 반복한다. 창조물은 언제나 불완전한 존재이기에 그 과정에서 변신을 거듭한다. 별들이 소멸한 뒤 행성의 모습으로 다시 태어나 풍성한 새 삶을 사는지, 마찬가지로 행성들이 부스러져 별들로 재탄생하는지 우리는 알 길이 없다. 인간이 아는 것은 그저 천상 세계에서도 땅 위에서만큼이나 휴식이 존재하지 않으며 피땀 어린 노동의 법칙이 무한대의 세상을 지배할 뿐이라는 사실이다.

우리 눈앞에서 이미 스러져간 별들이 있는가 하면, 어떤 별들은 꺼져가는 촛불처럼 깜박거리며 마지막 순간을 보낸다. 절대 변하지 않는다고 믿어온 천상 세계에서도 영원한 것은 만물의 끊임없는 변화뿐이다.

생명체가 우주 전체에 퍼져 있다는 것은 의심하기 어려운 사실이다. 유기 생명체가 우리가 사는 지구에 뜻하지 않은 사고로 출현했거나 불행한 우연의 결과가 아니라면 말이다.

하지만 사람들은 지구의 친척이라 할 수 있는 태양계의 행성들에서만 생명체가 생겨났다고 믿는다. 그것도 지구와 비슷한 환경에서 우리가 아는 동식물의 형태로 말이다. 탄소 성분이 포함된 유성이 하늘에서 떨어졌다. 좀 더 우아하게 설명하면, 도로테아[3] 성인에게 천국의 꽃을 안겨주었을 때와 같이 천사들

---

3 도로테아는 오늘날의 터키 카파도키아에 살았던 4세기 순교성인이다. 그녀가 순교하기 전에 그녀에게 신들의 정원으로부터 꽃과 과일을 보내 달라고 부탁한 이교도에게 나중에 아름다운 향기가 가득한 장미와 과일 바구니가 실제로 전해졌다는 일화가 있다. 그로 인해 꽃과 관련한 직업의 수호성인이 되었다.

이 천국의 화환을 가지고 돌아왔기에 이 땅에 생명체들이 번성했다고 말할 수도 있을 것이다. 어쨌든 화성에도 지구상의 동식물과 비슷한 종들이 살 수 있다고 생각한다. '살 수 있다'는 말은 분명 무언가가 살고 있다는 뜻과 다름없다. 지금 이 순간에도 화성에 존재하는 생명체들은 투쟁하며 서로를 파괴하리라 확신한다.

스펙트럼 분석 방식을 통해 우리는 별들의 구성 요소를 알게 되었다. 그렇기에 우리가 속한 성운에서 생명체가 나타날 수 있었던 이유를 다른 모든 성운에도 똑같이 적용할 수 있다고 확신했다.

생명은 유기 조직을 갖춘 물질의 활동을 의미하는데, 우리 인간은 이를 지구상의 모습과 환경을 전제로 이해한다. 하지만 지구와 전혀 다른 환경에서 생명체가 나타나는 일도 가능하다. 지구보다 기온이 훨씬 높거나 낮은 곳들 말이다. 또 우리 인간이 상상 못 할 모습으로 존재할 수도 있다. 아주 가까운 곳에서 대기 속 공기 같은 형태로 존재할 수도 있고, 인간이 절대 인지할 수 없는 형상으로 천사 같은 영적 존재들에 둘러싸여 살아갈 수도 있다. 왜냐하면 인지한다는 것은 상호 관계를 전제로 하는데, 영적 존재들과 우리가 관계를 맺기란 애초에 불가능하기 때문이다.

또한, 눈에 보이지 않는 수십억 개의 우주 내 태양들은 물론이고 우주의 수백만 태양을 모두 합쳐도 피 한 방울, 림프액 한 방울에 불과한 동물이나 곤충이 존재할 수도 있다. 우리가 상상조차 할 수 없는 큰 세상 속에 말이다. 게다가 그 거대한 세상도 한 차원 더 나아간 세상에서 보면 티끌에 불과할지도 모른다.

수 세기 동안 축적된 사상과 지성이 우리 앞에 원자 하나의 크기로 일순간 다가왔다 스러질 가능성도 아예 배제할 수는 없다. 사물은 그 자체로 크다고도 작다고도 할 수 없다. 우주 전체가 거대하다고 깨닫는 순간 그 깨달음이야말로 인간적이다. 만약 온 세상이 내부의 모든 요소를 각자의 비율을 유지한 채 호두 알 크기로 줄어든다고 가정해보자. 그 안에 사는 우리는 분명 변화를 알아차리지 못할 것이다. 우리와 함께 호두 안에 갇힌 북극성이 내보내는 빛은 여전히 50년이 지나야 우리 눈에 보인다. 원자 입자보다 작아져도 여전히 지금처럼 인간의 피눈물이 지구를 적시리라. 그렇기에 무엇보다 놀라운 것은 별들의 존재 영역이 거대하다는 사실 자체가 아니라 인간이 이를 측정해냈다는 사실이다.

◆ ◆ ◆

인간의 사랑을 죄로 규정함으로써 기독교는 이를 도와준 셈이다. 기독교는 성직에서 여성을 배제하고, 여성을 두려워하며 여성이 얼마나 위험한 존재인지 강조한다. 구약 성경의 전도서 7장에 "여자의 팔은 사냥꾼의 그물과 같다"라는 교훈이 등장한다. 여자에게 소망을 두지 말라고 경고하기도 한다. 교회는 "바람과 함께 흔들리는 갈대에 의지하지 말라. 그리고 신뢰하지 말라. 모든 육체는 풀 같아서 들판의 꽃처럼 그 영광은 사라진다"라고 가르친다. "여자의 악의에 비하면 세상의 모든 악의는 하찮다"[4]라고 할 정도로 교회는 모든 인류를 타락시킨 여성의 계략을 두려워한다. 하지만 이렇게 여성을 향한 걱정을 드러냄으로써 기독교는 오히려 여성을 강력한 존재이자 가공할 대상으로 만들었다.

사실 신비주의 신학에 익숙한 사람만이 위와 같은 격언의 의미를 온전히 이해한다. 어린 시절 종교적인 환경에서 자란 사람 말이다. 성당에서 열리는 피정과 미사에 참석했고, 열두 살 즈음에는 해맑은 영혼을 초자연적인 세계로 안내하는 짧지만 결정적인 신앙 서적을 읽어본 사람이어야 격언의 뜻을 제대로 이해할 수 있다. 관에 누인 이사벨라 여왕[5]의 모습에 충격을 받은

---

4 로마 가톨릭교회의 공인 라틴어 성경인 불가타 성경 전도서의 내용이다.

5 Isabelle de Portugal, 1503~1539. 16세기 포르투갈의 왕녀로 태어나 충실한 왕가의 교육을 받으며 자랐다. 특히, 신실한 어머니와 함께 수도원을 자주 출입하며 종교적인 성장기를 보냈다. 이베리아반도에서 오스트리아, 아메리카 대륙과 필리핀까지 다스리는 신성 로마 제국의 황제인 카를 5세(프랑

프란치스코 보르지아 성인[6]이 깊은 사색에 빠진 이야기를 읽었어야 하고, 베르몽의 수녀원장이 죽은 후 수녀들 앞에 나타난 이야기를 알아야만 한다. 순결한 봉사의 삶을 살면서 그녀를 따르던 수녀들은 베르몽 수녀원장이 성인 같은 삶을 살다 죽었기에 당연히 천국에 있을 것으로 믿고 그녀에게 기도를 드렸다. 그런데 어느 날 수녀원장이 창백한 얼굴로, 게다가 치맛자락은 불길에 휩싸인 채, 그들 앞에 모습을 드러냈다. "나를 위해 기도해주세요. 내가 살아 있을 때, 어느 날 기도하며 손을 모으다가 내 손이 예쁘다고 생각한 적이 있습니다. 지금 나는 그 죄악 된 생각 때문에 연옥에서 고통받으며 속죄하고 있습니다. 내가 아끼는 수녀들이여, 하나님의 선하심을 인정하고, 나를 위해 기도해주세요." 아이들을 위한 작은 신학 책자들에는 이와 비슷한 이야기가 수천 개도 넘게 담겨 있다. 쾌락을 지나치게 소중히 여기지 않도록 교훈을 주려다 보니 이런 이야기들은 순수성이라는 미덕에 과도한 가치를 부여한다.

아름다움으로 잘 알려진 아스파시아,[7] 라이스[8] 그리고 클레오

스어로는 Charles Quint)와 결혼했다. 생전에 빼어난 미모와 깊은 신앙심으로 유명했다.

6 Francisco Borgia, 1510~1572. 스페인 귀족 출신 가톨릭 성인으로 예수회 총장을 지냈고, 1671년 시성 되었다.

파트라를 악마 같은 존재이자 남자를 지옥으로 인도할 여인으로 낙인찍었다. 이 얼마나 엄청난 영예인가! 여자 성인도 그 사실에 무심할 수 없으리라. 남성을 설레게 하고픈 의도가 없는 가장 수수하고 엄격한 여성이라도, 여자라는 사실만으로 어떤 남성이든 설레게 할 수 있다. 여성은 오만하게도 교회가 그녀에게 내린 경고를 당연한 듯 받아들인다. 대 안토니우스 성인[9]이 "가버려라, 이 요물"이라고 소리치면, 거기에서 느껴지는 두려움 때문에 여자는 오히려 우쭐한다. 그녀는 자신이 자기가 생각한 것보다 위험한 존재임을 확인하고는 기뻐한다.

하지만 나의 누이들이여, 너무 우쭐하지는 마시라.[10] 태초부

---

7   기원전 5세기 고대 그리스 여성으로 철학자 페리클레스의 연인이었다고 한다. 당대 상당히 높은 수준의 교육을 받고 독립적인 생활을 했던 고급 매춘부hétaire로 알려져 있다. 페리클레스와 소크라테스 등으로부터 존경받고, 당시 그리스 사회·정치에 상당한 영향력을 발휘했다.

8   보통 코린토스의 라이스Laïs de Corinthe라고 한다. 기원전 5세기경, 즉 아스파시아와 동시대 고대 그리스의 고급 매춘부로 당대 최고 미인으로 유명하다.

9   251경~356. 로마 가톨릭교회와 그리스 정교 모두에서 성인으로 추앙받는 수도승이다. 이집트 사막에서 수행하던 안토니우스 성인에게 사탄이 여러 가지 쾌락으로 유혹하는 이야기가 「성 안토니우스의 유혹」이라는 주제로 유럽에서 시대를 초월한 다양한 예술 작품을 통해—플로베르의 소설, 보쉬나 세잔의 그림 등—묘사되었다.

10 여기에서부터 확연히 달라진 저자의 문체가 본 챕터의 마지막까지 이어진다.

터 여성들이 완벽한 매력으로 무장한 채 출현한 존재들은 아니니. 여자들은 원래 보잘것없었소. 매머드와 거대한 곰들이 살던 시대의 여성들은, 동굴 생활을 하며 수렵에 나서는 남자들을 향해, 지금 그대들이 우리 남자들에게 지닌 것과 같은 권력을 휘두르지 못했소. 그때도 여성들은 유용하고 필요하기까지 한 존재였지만, 지금처럼 도무지 적수가 없지는 않았소. 사실대로 말하면, 옛날에는, 그리고 그 후에도 오랫동안 그대들에게는 매력이라는 것이 없었소. 당시 여성들은 남성들과 비슷한 존재였고, 당시 남성들은 짐승과 비슷한 존재였으니 말이오. 그대들이 지금처럼 가공할 만한 매력을 지닌 존재가 되기까지, 아무렇지도 않게 온갖 희생과 범죄의 원인이 되기까지, 문명이 그대들에게 베일을 씌우고 종교가 죄책감을 안겨주는, 두 가지 조건이 충족되어야만 했소. 두 가지 조건이 충족되자 비로소 완벽해졌소. 다시 말해 여성들은 비밀스러운 존재가 되었고, 죄악이 되었소. 우리는 그대들의 꿈을 꾸고 그대들을 위해 타락하기를 서슴지 않소. 그대들은 욕망과 두려움을 불러일으키는 존재가 되었소. 세상에 사랑이라는 광기가 등장했소. 틀림없이, 본능적으로 그대들은 경건함의 세계에 이끌릴 것이오. 그대들이 기독교를 사랑하는 것은 일리가 있소. 교회가 그대들의 힘을 열 배 강하게 해주었으니 말이오. 히에로니무스 성인[1]을 아는지? 로마와 아시아에 잘 알려진 성인의 이야기는 이렇소. 여성에게 지나친 유혹의 두려움을 느낀 나머지 히에로니무스는 끔찍한 환경인 광야로 피신했소. 거기에서 살며 풀뿌리를 날로 먹고 뜨거운 태양 빛에 살갗이 타들어 갔소. 하지만 결국 그는 피부가 검게 타고 뼈와 가죽만 남은 채로도 그대들을 찾았고, 고독 속에서도 그대들의 모습을 상상했소. 상상 속의 그대들은 실제보다 아름다웠으니 말이오.

그대들이 가져다주는 꿈이 현실에서 그대들이 내줄 수 있는 그 무엇보다 훨씬 매혹적임을 고행자들은 너무 잘 알고 있소. 히에로니무스는, 자기 주위에 그대들이 있는 환경을 피했듯이 그대들에 대한 기억과 상상조차 극구 밀어내려 했소. 하지만 금식이나 기도도 소용없었소. 여성들을 일상에서 밀어내자 그대들의 형상이 오히려 상상 속에 가득했으니 말이오. 바로 그 점이 여성들이 특히 성인에게 발휘하는 권력이라 할 수 있소. 물랭루즈를 자주 드나드는 부류의 남자에게 그대들의 힘이 그렇게나 크게 작용할까 의심하게 되오. 그러니 신앙을 품어 당신의 힘이 사라지지 않도록 조심하시오. 더는 죄악과 동일시하는 존재가 되지 않으려다 그대들의 강력한 무언가를 상실하지 않도록 말이오.

---

11 347~420. 라틴어 불가타 성경의 번역자이자 은둔 수도자였으며 가톨릭교회의 가장 중요한 성인 중 한 명이다. 예로니모, 혹은 제롬 성인으로도 불린다.

솔직히 말해, 합리주의가 그대들에게 좋은지 모르겠소. 내가 그대들 입장이라면 임상 병리학자를 좋아할 이유가 없을 듯하오. 그들은 그대들에게 함부로 질문하고 장황하게 설명하오. 우리 남자들은 그대들을 영감이 충만한 존재라고 믿는데, 병리학자들은 그것을 병이라고 말하오. 또 사랑하고 아파할 줄 아는 그대들의 숭고한 능력을 반사 작용이 지배적이라 그렇다고 설명하니 말이오. 황금전설Legende dorée[12]에 등장하는 그대들은 그런 모습이 아니었소. 그 책에서는 여성들을 새하얀 비둘기요, 순수함을 상징하는 백합이요, 사랑을 상징하는 장미 같다 했소. 과학이 모든 것을 지배하는 지금 세상에 와서 매일같이 그대들을 신경질적이고, 환각을 보며, 강경증 환자라고 진단하는 것에 비하면 훨씬 듣기 좋지 않소.

마지막으로, 내가 만약 그대들 같은 여성이라면, 나는 분명 그대들을 남성과 동등하게 만들려는 '해방자'들을 경계할 것이오. 그대들을 타락의 길로 인도할 자들이니 말이오. 남자 변호사나 약사와 동등해진다고 해서 그대들에게 무슨 의미가 있소. 조심하시오. 그대들은 이미 가지고 있던 신비함과 매력의 보따리를

---

12 중세 후기의 중요한 성인들에 대한 일화를 담은 서적으로, 여러 가지 판본이 존재한다. 지금까지도 중세 연구 혹은 불분명하게 언급되는 성인들의 정체를 파악하는 데 폭넓게 활용된다.

몇 개 풀어 놓았으니. 하지만 모두 끝난 것은 아니오. 우리 남성들은 여전히 그대들을 위해 싸우고, 파산을 자처하고 목숨을 내놓으니까. 그런데 요즘 전차를 타고 가다 보면 그대들에게 자리조차 양보하지 않는 젊은 청년들을 보게 되오. 오래된 종교와 함께 여성을 숭배하는 습관도 사라지고 있소.

◆ ◆ ◆

도박꾼들은 마치 연인들이 사랑하듯, 술꾼이 술을 마시듯 도박한다. 필연적으로, 눈먼 사람처럼, 그리고 피할 수 없는 이끌림에 취해 도박을 한다는 뜻이다. 사랑에 헌신하는 연인들과 마찬가지로 도박에 자신을 바친 자들이다. 누가 지었는지 모르지만 도박에 완전히 중독된 두 선원의 이야기가 전해진다. 아무튼, 타고 가던 배가 난파된 후 엄청나게 험한 고생 끝에 두 선원은 고래 등에 올라타 겨우 목숨을 부지했다. 그렇게 목숨을 건지자마자 그들은 가장 먼저 주머니에서 주사위 통을 꺼내 도박을 시작했다. 그야말로 실제보다 더 실제 같은 이야기다. 도박하는 이들은 누구나 이 선원들과 닮은꼴이다. 물론 도박은 대담한 성격을 지닌 사람들의 무언가를 자극한다. 하찮은 일순간의 쾌락이기보다 운명을 시험하는 일이다. 수개월, 수년 혹은 일생에 걸쳐서 하게 될 모든 걱정과 희망을 한꺼번에 맛보는, 취기가 없는 쾌락이 아닌가. 2학년 때 담임이던 그레피네 선생님이 「인간과 운명의 정령」이라는 우화를 읽어준 적이 있다. 열 살도 채 안 되었을 때지만, 어제 들은 것처럼 생생하게 기억난다. 운명의 정령이 한 남자아이 앞에 나타나 실 꾸러미를 안겨주며 말했다. "이 실타래를 받아라. 너의 인생 꾸러미다. 시간이 빨리 흐르기를 원하면 실 끝을 잡아당겨라. 네가 실타래를 푸는 속도에 따라 너의 시간은 빠르게 갈 수도 있고 느리게 갈 수도 있다. 네가 실타래를 아예 건드리지 않으면 너는 너의 인생에서 정확히 같은 순간에 영원히 머물 수도 있다." 실타래를 받은 아이는 어른이 되려고 우선 실을 잡아당겼고, 이어서 사랑하는 여인과 결혼하기 위해, 자신의 아이들이 커가는 모습을 보기 위해, 일자리를 잡기 위해, 돈을 벌고 명예를 얻기 위해 실 끝을 계속 잡아당겼다. 걱정거리들을 해결하려고, 슬픈 일들과 나이가 들면서 얻게 되는 질병들을 피하려고 실을 당겼다. 마침내 안타깝게도, 그는 성가신 노년에 이른 자신의 생에 작별을 고하기 위해 마지막으로 실을 당겼다. 정령에게 실타래를 받은 지 불과 4개월하고도 6일 만에 생긴 일이었다.

그러니 말이다. 도박은 보통 수 시간, 아니 수년에 걸쳐 일어날 변화를 찰나에 맛보기 위한 기술이 아니고 무엇인가! 다른 이들의 인생에 드문드문 나타나는 감정들을 한순간에 축약하는 기술이 아닌가. 과연 한 사람의 인생을 몇 분 안에 다 경험하는 비밀스러운 경험이 아닌가. 결국 도박은 정령이 가져다준 실타래에 비할 만하다. 도박은 운명과의 한판 대결이다. 천사와 씨름한 야곱의 이야기나 악마와 계약을 맺은 파우스트 박사의 이야기를 생각하면 된다. 사람들은 돈을 걸고 도박한다. 그런데 돈은 즉각적이면서도 무한정한 가능성을 의미한다. 이번에 뒤집을 카드 한 장이, 이번에 굴릴 구슬 하나가 널따란 정원과 공원, 들판과 광활한 숲, 첨탑이 하늘을 찌를 듯한 장대한 성을 소유하게 할는지도 모른다. 그렇다. 저 굴러가는 작은 구슬은 그 안에 비옥한 땅을 품고 있고, 루아르 강가에 서 있는 청회색 지붕의 저택들을 품고 있다. 구슬은 보물 같은 예술품들과 고상한 품격의 물건들, 희귀한 보석들과 세상에서 가장 아름다운 육체들을 품고 있으며, 여태껏 자신은 돈에 흔들리지 않는다고 믿어온 이들의 영혼과 지구상의 모든 훈장과 영예와 품격과 권력까지도 그 안에 품고 있다. 내가 무슨 말을 하는가? 아니, 그보다 상위의, 꿈이라는 대상마저도 구슬 안에 담겨 있다. 그런데도 도박을 하지 말라는 것인가? 만약 도박이 그저 한없이 소망만 품게 하고 초록빛 눈으로 미소만 띨 뿐이라면, 사람들이 이렇게까지 맹렬히 도박을 즐기지는 않으리라. 하지만 도박은 다이아몬드 발톱을 가졌기에 무섭다. 끌리는 대로 낙망과 수치를 안긴다. 그렇기에 사람들은 더욱 도박을 갈구한다.

위험성에 매혹되는 것은 모든 위대한 열정이 지닌 공통점이다. 현기증을 일으키지 않는 쾌락은 없다. 두려움이 뒤엉킨 쾌락이야말로 인간을 취하게 한다. 그러니 무엇이 도박보다 무서울 수 있겠는가? 도박은 받기도 하고 또 주기도 한다. 도박의 논리는 우리가 생각하는 이성적인 논리와는 전혀 다르다. 도박은 말하려 하지 않고, 보려 하지 않으며, 들으려 하지도 않는다. 전능하기에 가히 도박을 하나의 신이라 칭할 만하다.

도박은 신이다. 섬기는 신도들과 수호성인이 있고, 그들은 도박이 무언가를 약속해서가 아니라 그 자체로 도박을 사랑한다. 도박으로 손해를 봐도 여전히 거기에 헌신한다. 모진 운으로 전재산을 잃어도 "내가 잘 못 했지"라고 하며 자신을 탓한다. 도박을 신봉하는 자들은 스스로에게서 잘못을 찾을 뿐 도박 자체가 잘못이라는 불경한 생각은 하지 않는다.

◆ ◆ ◆

인류는 무한대로 발전할 수 없다. 물리적으로나 화학적으로 안정적이지 않은 지구상의 환경 조건에서 살아남기 위해 알아서 발전해야 했다. 지구가 인간이 살기에 적당하지 않던, 너무 덥고 습한 시대가 있었다. 그리고 인간이 살아남기에 적당하지 않은 시기는 다시 올 것이다. 이번에는 너무 춥고 건조한 환경으로 말이다. 언젠가 우리의 태양은 사그라지고, 인류는 그보다 훨씬 전에 지구상에서 사라지리라. 지구 최후에 살아남은 인간은 지상 최초의 인간만큼이나 헐벗고 무지할 것이다. 오랫동안 모든 예술과 과학을 잊은 채 살아가리라. 우리 인류가 현재 생각하고 사랑하고 또 고통받고 소망하며 살아가는 이 도시 세상이 모두 사라져 버린 후 그 땅을 미끄러져 가는 빙하 덩어리 위에서, 동굴 속에 웅크린 채 비참한 모습으로 살아남을 것이다. 우리가 아는 만나나무며 보리수는 모두 추위 때문에 살아남지 못하고, 얼어붙은 땅에는 오직 소나무숲만이 펼쳐지리라. 최후의 인간들은 자신들이 절망 속에 있음을 깨닫지 못한 채, 우리에 대해 우리의 천재성이나 우리의 사랑에 대해 전혀 알지 못하고 살아갈 것이다. 그런데도 그들은 우리 인류의 후손이며 피를 나눈 자손이다. 그래서 환경에 맞게 두꺼워진 두개골 안에, 자신할 수는 없지만, 일말의 지성이 남아 있기에 이들은 동굴 주변에 번성한 곰들 사이에서 얼마간은 살아남을 것이다. 민족과 종족은 눈과 얼음만이 가득한 세상 속에서 이미 사라지고, 마찬가지로 과거 세계의 도시와 도로, 정원들도 흔적을 찾아볼 수 없을 것이다. 몇몇 일가만 겨우 살아남아 여인들, 아이들, 노인들은 서로 뒤엉킨 채 동굴 속에서 동면하며 동굴 틈으로 들어오는 어둑어둑한 햇살을 빼꼼히 바라본다. 그들이 바라보는 바깥 세상에서는 꺼져가는 깜부기불처럼 맹수가 눈을 번득인다. 얼음장같이 차가운 바람이 부는 가운데 온종일 어두컴컴한 하늘 아래 별빛 가득한 눈보라가 치는 바깥세상 말이다. 그 모습이 그들이 보게 될 세상이지만 무지의 상태로 퇴화해버린 최후의 인간들은 자신들이 무언가를 목격하고 있다는 사실조차 깨닫지 못한다. 언젠가 최후의 인간 중에서도 마지막 인간이 마지막 숨을 내쉬리라. 인간의 적이 되어버린 하늘 아래에서 최후의 인간이 사랑도 증오도 느끼지 못한 채 사라져도 지구는 여전히 돌아갈 것이다. 침묵이 가득한 공간에 인류의 잔재, 그러니까 호메로스의 서사시와 장엄한 그리스 대리석상의 잔해를 허리춤에 품은 채 말이다. 인간이라는 존재가 영혼을 담아 그렇게 시도했던 만큼 무한의 세계로 뻗어 나가는 사고를 하는 존재는 이제 없을 것이다. 아니, 적어도 인간의 사고가 소멸한 후의 이야기다. 인간이 아닌 다른 생명체가 자기 자신을 자각하는 일은 없다고 어떻게 단언할 수 있겠는가? 인간이 잠들어버린 무덤에서 또 다른 존재의 영혼이 탄생할지 어떻게 알겠는가? 어떤 영혼인지는 구체적으로 알 수 없다. 곤충의 영혼일 수도 있다.

인간의 곁에서, 아니 오히려 인간이 곁에 있음에도 불구하고 곤충들─예를 들어 꿀벌들이나 개미들─은 이미 놀라운 성과를 이루어냈다. 개미나 꿀벌이 우리 인간처럼 빛과 온기를 원한다는 것은 이미 증명되었다. 하지만 온기를 원하는 무척추동물은 그 외에도 있다. 그들이 노동과 인내심을 통해 일구어낼 미래가 어떨지 누가 알겠는가?

인간이 살아남기에 힘든 곳이 되었다고 해서 다른 영혼에도 지구의 환경이 맞지 않을지는 알 수 없다. 언젠가 그 곤충들도 자기 자신을 인지하게 되고 또 주위 세상에 대한 자각 능력을 갖추게 될지 누가 알겠는가? 우리 인간이 그런 것처럼 신을 찬양하는 존재가 될지도 모른다.

◆　◆　◆

뤼시앙 뮐펠드에게[13]

더는 존재하지 않는 무언가를 정확히 표현할 방법은 없다. 로컬 컬러couleur locale[14]는 그저 환상일 뿐이다. 루이 필립[15]시대의 장면을 비슷하게라도 묘사하는 데 엄청나게 고생하는 화가를 보면, 안타깝게도 생 루이[16]나 아우구스투스 황제 시대의 사건을

---

13 1870~1902. 19세기 말 프랑스 소설가이자 연극 비평가. 장티푸스로 32세에 요절했다.

14 미술에서 빛과 그림자 같은 시각적 왜곡 없이 표현되는 사물의 자연적인 색을 의미한다.

15 프랑스 혁명 이후 왕정복고 시대의 왕으로 재위 기간은 1830~1848이다. 아나톨 프랑스가 이 글을 쓴 시점과 약 60년 안팎의 차이가 난다.

16 Saint Louis, 성인 루이라는 뜻으로 프랑스의 왕 루이 9세(1214~1270)를 말

그림으로 제대로 묘사할 방법이 없음을 깨닫는다. 요즘 사람들은 옛 무기나 오래된 궤짝을 그대로 베껴 그리느라 큰 수고를 한다. 과거 예술가들은 정확성이라는 헛된 목적을 품지 않았다. 과거 신화나 역사 속 주인공들을 자기 시대의 모습으로 그려냈다. 그럼으로써 자연스럽게 자기가 살던 시대의 영혼과 시대상을 담아냈다. 예술가로서 그보다 나은 성과를 내는 일이 가능할까? 옛 예술가들이 그려낸 인물 하나하나는 그와 동시대를 살던 사람들의 모습이었다. 동시대인의 삶과 생각으로 생기를 부여받았기에 그림 속 인물들은 여전히 보는 사람에게 감동을 주고, 그 시대 사람들이 느낀 감정과 진정한 울림을 미래의 관객에게 안겨준다. 고대 미술이야말로 우리 시대 박물관들의 풍요로움을 보여주는 증거다.

진정한 예술을 맛보고 싶다면, 한 폭의 그림을 통해 깊고 넓은 감동을 경험하고 싶다면 도메니코 기를란다요[17]의 프레스코화를 추천한다. 피렌체의 산타 마리아 노벨라 성당에 있는 「성모마리

한다. 프랑스의 역대 왕 중 유일하게 가톨릭교회의 성인이 되었다.

17 Domenico Ghirlandaio, 1449~1494. 피렌체 르네상스 화가로 공방을 운영하며 큰 명성을 누렸다. 보티첼리와 동시대 인물이며 미켈란젤로가 그의 공방을 거쳐 간 것으로 유명하다.

아의 탄생」[18] 말이다. 기를란다요는 아기가 태어난 방을 보여준다. 침대에서 일어나 앉아 있는 마리아의 어머니 안나는 아름답지도 젊지도 않다. 하지만 안나가 살림을 잘하는 어머니임을 바로 눈치챌 수 있다. 안나는 침대 머리맡에 잼 단지 하나와 석류두 개를 갖다 놓았다. 안쪽 구석에 서 있는 하녀 한 명이 화병을 쟁반에 받쳐 가져다준다. 갓 태어난 아기를 막 씻긴 참이라구리 대야가 아직 방 한가운데 놓여 있다. 그 옆에서 아기 마리아는 아름다운 유모의 젖을 빤다. 같은 동네에 사는 아기 엄마인 마리아의 유모는 고맙게도 친구 안나를 위해 마리아에게 젖을 물렸다. 자기 아이와 마리아가 같은 젖과 같은 핏줄을 몸으로 느낌으로써 형제처럼 서로 사랑하기를 바라는 마음이었으리라. 유모 옆에는 그녀를 닮은 젊은 여자, 아니 소녀가 자리하고 있다. 아마도 언니인 듯하다.[19] 멋지게 옷을 차려입고, 에밀리아

---

18 묘사 내용을 보면 아나톨 프랑스가 말하는 그림은 마찬가지로 산타 마리아 노벨라 성당 안에 있는 기를란다요의 작품 「세례자 요한의 탄생」인 듯하다. 하지만 이 책에서 그가 큰 착오를 한 것인지, 묘사된 그림에서 아기 어머니의 모습이 출산 당시 나이가 매우 많았던 세례자 요한의 어머니 엘리사벳이 분명한데도, 이 글에서는 그림 속의 산모를 마리아의 어머니 안나, 아기를 마리아라고 적고 있다. 실제로도 「성모 마리아의 탄생」이 산타 마리아 노벨라 성당에 있고 「세례자 요한의 탄생」과 유사점이 많지만 젖을 물리는 유모나 머리맡 과일 등 구체적인 묘사가 다르다.
19 실제 그림에서는 어린 소녀로 보이지 않는다. 언니인 듯하다는 말은 태어난

피아[20]의 초상화에서처럼 이마에 짧은 베일을 썼다. 소녀는 아름다운 자태로 아기를 향해 두 팔을 뻗고 있는데, 모성이 깨어나는 순간을 포착한 듯하다. 그림 한쪽 구석에는 당시 피렌체에서 유행하던 차림을 한 두 명의 귀족 여인이 안나를 만나기 위해 그녀의 방으로 들어서고 있다. 그들 뒤로 수박과 포도가 담긴 바구니를 머리에 이고 하녀가 따라 들어오는데, 그녀는 고대 옷차림을 한 너무도 아름다운 모습으로 그려졌다. 허리춤에 살랑거리는 스카프를 두른 이 여인은 신실한 가정의 모습을 그린 광경 속에 마치 이교도의 환상처럼 등장하고 있지 않은가. 안나의 포근한 방을 통해, 그곳에 자리한 여성들의 온화한 얼굴들을 통해 나는 피렌체에서의 풍요로운 삶과 초기 르네상스가 활짝 핀 시기를 엿본다. 아버지가 금은 세공사였던 도메니코 기를란다요는 초기 르네상스의 명장이었다. 그는 이 그림을 통해 여름날 새벽이 밝아오는 순간처럼 명쾌하게도 르네상스 초창기 정중한 시대의 모든 비밀을 드러낸다. 동시대 사람들마저 스스로 너무 행복하다고 느꼈고, 그 매력에 흠뻑 빠져 "너그러운 신들이여! 이렇게 축복받은 시대라니!" 하고 감탄한 당시 피렌체의 광경이 한껏 드러나 있지 않은가.

아기의 언니를 의미한다.
20 라파엘이 그렸다고 추정되는 1504~1505년경 초상화의 주인공을 의미한다.

예술가는 삶을 사랑해야 하고, 그 아름다움을 우리에게 보여주어야 한다. 그렇지 않으면 우리는 틀림없이 삶이 아름다울 수 있다는 가능성 자체를 의심하게 될 것이다.

◆　◆　◆

무지는 행복하기 위해서 뿐만 아니라 인간이 존재하기 위해서도 필요조건이다. 모든 것을 안다면 우리는 삶을 단 한 시간도 견뎌내지 못할 것이다. 삶을 감미롭게, 아니 하다못해 참을 만하다고 느끼게 해주는 감정들은 모두 거짓에서 비롯되고 착각을 통해 풍성해진다.

만약 인간이 신과 같아서 진리, 그것도 우주 유일의 진리를 알고 있는데 실수로 그 진리를 손아귀에서 놓쳐버린다고 상상해보자. 이 세상은 순식간에 사멸하고 우주는 한낱 그림자처럼 흩어질 것이다. 신성한 진리는 최후의 심판과 마찬가지로 온 세상을 산산조각 내고 말 것이다.

◆　◆　◆

진정 질투가 심한 남자는 모든 것을 의심하고 온갖 것을 걱정한다. 여성은 존재하는 것만으로도, 숨을 쉬는 것만으로도 반드시 그를 배신할 존재가 된다. 남자는 여자의 내면에서 벌어지는 일을 두려워한다. 육체와 영혼의 다양한 움직임으로 인해 여성을 자신과는 확연히 다른 독립적이고 직관적이며 모호하면서도 때로는 이해하기 어려운 존재로 만드는 내면의 일들을 말이다. 여성이 아름다운 화초처럼 스스로 활짝 피어남에 남자는 괴로워한다. 어떤 사랑의 힘으로도 젊음, 그리고 삶이라는 들뜬 순간에 그녀가 세상에 퍼뜨리는 향기를 제지하거나 빼앗을 수 없으니 말이다. 사실상, 그녀의 존재 자체가 그에게는 탓할 거리가 된다. 그래서 편안히 이 상황을 견뎌낼 수 없다. 그녀는 존재하고, 삶을 살아간다. 그녀는 아름다운 존재요, 꿈을 꾸는 존재다. 얼마나 치명적인 걱정거리인가! 그는 그녀의 육체를 온전히 원한다. 자연이 허락한 이상으로 그녀를 온전히 소유하기를 원한다.

여성들에게는 질투로 인한 상상의 세계가 없다. 흔히 말하는 여성의 질투는 경쟁심일 뿐이다. 온갖 감각을 괴롭히며 생각하기도 싫은 환영을 보게 하거나 바보같이 화를 내게 만드는, 게다가 몸으로 느껴질 정도의 분노를 불러일으키는 질투라는 감정을 여성들은 아예 모른다. 적어도 거의 겪지 않는다. 이 경우 여성의 감정은 우리 남성의 감정에 비해 명확하지 않다. 어떤 특정 영역의 상상력이 여성에게는 별로 발달하지 않았는데, 심지어 사랑이나 감각적인 애정 관계에서도 그렇다. 바로 조형적인 상상력, 즉 형태에 대한 명확한 감각이다. 여성들이 어떤 인상을 받을 때 그 느낌은 명확하기보다 커다란 파도처럼 밀려와 그녀를 감싼다. 여성은 모든 에너지를 파도에 맞서 싸우는 데 써야만 한다. 질투하는 여성은 옹골차고 난폭하게 책략을 세우고 싸움에 임한다. 남자가 도무지 할 수 없는 일이다. 오장육부를 헤쳐 놓을 듯한 질투라는 자극이 여성을 흥분 시켜 마치 경주에 임하는 상태로 내몬다. 그녀는 자아를 상실한 사람처럼 자신의 지배를 확고히 하기 위해 싸운다.

그래서 남자에게는 약점인 질투라는 감정이 여자에게는 강점이 되고 그녀를 공격적으로 만든다. 질투로 인해 환멸을 느끼기보다 담대해진다.

라신의 작품에 나오는 에르미온느[21]를 보라. 검은 연기를 내뿜는 질투가 아니다. 에르미온느는 상상의 나래를 펼치지 않는다. 질투로 감정이 격동해도 온갖 끔찍한 이미지로 가득한 시를 써 내려가지 않는다. 그녀는 꿈꾸지 않는다. 그런데 꿈을 동반하지 않는 질투란 대체 무엇인가? 집착하지 않는 질투란 대체 무엇인가? 격렬한 편집증을 동반하지 않는 질투란 대체 무엇인가? 에

---

21 헤르미오네라고도 함. 프랑스의 대표적인 고전 극작가 장 라신(Jean Racine, 1639~1699)의 작품 『앙드로마크』에 등장하는 인물. 1667년 초연되었으며 여러 명의 짝사랑 관계가 겹쳐 나온다.

르미온느는 질투하는 인물이 아니다. 그녀는 어떤 결혼을 막기 위해 애쓴다. 무슨 수를 써서라도 결혼을 막아내 한 남자를 다시 차지하려 할 뿐이다. 더도 덜도 아니다.

그리고 이 남자가 그녀를 위해, 그녀의 사주에 의해 죽임을 당하자 그녀는 놀라며, 무엇보다 실망한다. 그녀가 원한 결혼이 이루어질 뻔했기 때문이다. 에르미온느가 남자였다면 그는 "천만다행이야! 내가 사랑한 여자를 이제는 누구도 가질 수 없어"라고 소리쳤을 것이다.

❖　❖　❖

세상은 얼마든지 경박하고 헛된 곳이다. 그렇다 해도 정치인에게는 꽤 괜찮은 배움터다. 오늘날 의회가 세상이라는 배움터를 좀 더 알지 못해 참으로 유감이다. 무엇이 세상을 이루는가? 여성이다. 바로 여성이 세상의 주권자다. 여성에 의해, 그리고 여성을 위해서가 아니면 어떤 일도 이루어지지 않는다. 여성은 남성에게 위대한 교육자와 같다. 여성은 타인의 호감을 불러일으키는 미덕을 가르쳐준다. 예의범절이라든가, 분별력이라든가, 자기주장만 하는 성가신 사람이 되고 싶지 않은 긍지 같은 미덕 말이다. 상대방을 기분 좋게 대하는 기술을 배우는 남성들도 몇몇 있을 것이다. 남성 모두는 적어도 타인의 기분을 나쁘게 하지 않는 아주 유용한 대인 기술을 여성에게서 배운다. 흔히 카페에서 정치를 논하는 남자들의 생각보다 사회가 훨씬 복잡하고 섬세하게 구성되어 있음을 여성들로부터 배운다. 마지막으로, 여성 곁에 있으면, 그 무엇도 감정으로 인한 꿈결 같은 경험이나 신앙의 그림자를 이길 수 없으며, 이성이 인간 세상을 지배하지 않음을 깨닫는다.

◆ ◆ ◆

희극은 인간적일 때 금세 가슴 아파진다. 돈키호테 이야기에 어쩌다 울어보지 않았는가? 나는 개인적으로, 비교할 바 없는 돈키호테나 캉디드의 이야기에서[22] 평온하면서도 유쾌한 슬픔을 맛본다. 이들을 제대로 이해한 사람이라면 두 작품이 관대와 연민의 마음을 가르치는 교과서이자 박애의 경전임을 깨닫는다.

◆ ◆ ◆

예술의 목적은 사실에 있지 않다. 사실에 대해서는 과학에 물

---

22 『캉디드』는 18세기 프랑스의 계몽주의 작가 볼테르의 대표작 중 하나로 1759년에 발표되었다.

어봐야 한다. 과학의 목적이야말로 사실 추구에 있기 때문이다. 사실을 알기 위해 문학에 질문을 던져서는 안 된다. 문학의 목적은 단 하나, 아름다움뿐이다.

그리스 소설에 나오는 클로에는 진짜 양치기 소녀가 아니었고, 그녀가 사랑하는 다프니스 또한 진짜 염소를 치는 목동이 아니었다. 하지만 우리는 이들의 이야기를 여전히 좋아한다. 이 이야기를 지어낸 섬세한 그리스 작가는 그들 이야기를 하면서 동물 축사나 숫염소에 대해 고민하지 않았다. 그의 고민은 오직 시와 사랑뿐이었다. 독자들의 즐거움을 위해 감각적이고 우아한 사랑 이야기를 들려주고 싶었기 때문에, 작가는 클로에와 다프니스의 사랑 이야기의 배경으로 분명 독자들이 가보지 않았을 목가적인 풍경을 택했다. 그의 작품을 접할 독자들은 격렬한 장면이 모자이크 벽화로 새겨진 비잔틴 궁전 깊숙한 곳에 살거나, 무역을 통해 엄청나게 돈을 모은 부자 노인들이었기 때문이다. 암울한 늙은이 독자들을 즐겁게 해주기 위해 작가는 아름답고 어린 두 연인의 이야기를 선택했다. 게다가, 대도시 거리를 휘젓고 다니는 영악한 부랑아들이나 행실 나쁜 계집아이들로부터 주인공 다프니스와 클로에를 분명히 구별하기 위해, 작가는 "여기 나오는 주인공들은 옛날에 레스보스섬에 살던 인물들이다. 님프 요정들에게 바쳐진 나무에 그려져 있던 이야기"라고 신경 써서 적어두었다. 똑똑한 여성이라면 언제나 이야기를 시작할 때 "베르트가 실 잣던 시절에"[23] 혹은 "호랑이가 담배 피우던 시절에…"라고 부연하듯이, 이 이야기의 작가는 신중하게도 그런 요소에 주의를 기울였다. [24]

아름다운 이야기를 해주고 싶다면 체험이나 관례에서 좀 벗어날 필요가 있다.

◆ ◆ ◆

우리는 사랑에 영원성을 부여한다. 그것은 여성들의 잘못이 아니다.

◆ ◆ ◆

연극을 보려고 극장에 모인 2백 명의 관객들이, 어떤 불변의 지혜를 추구하는 공의회를 구성하는 사람들이라고 생각하지는 않는다. 하지만 보통, 관객이 공연을 관람하러 올 때면, 자기가

---

23 베르트Berthe는 8세기 프랑스의 왕 피피누스 3세 혹은 단신왕 피피누스(페팽 Pépin le Bref)의 왕비이자 샤를마뉴 대제의 어머니다.

24 클로에와 다프니스 이야기는 확실하지는 않지만, 고대 그리스 소설가인 롱구스의 소설로 알려져 있다. 2~3세기경 작품으로 추정된다.

느끼는 감정에 어떤 가치를 부여하는 일종의 순진함과 진정성 있는 자세를 갖추고 온다고 생각한다. 무언가를 읽어서는 대체 무슨 뜻인지 이해하지 못하는 사람들도 무대 위 내용을 관람하는 방식으로는 어느 정도 정확하게 상황을 이해한다. 책을 읽을 때 우리는 본인이 원하는 대로 읽는다. 아니, 오히려 우리가 원하는 바를 책에 끼워 맞추다시피 해서 찾아내기도 한다.

책은 모든 것을 상상에 맡긴다. 그렇기에 세련되지 못한 대다수의 사람은 독서에 그다지 열렬한 관심을 두지 않는다. 반대로 연극은 모든 것을 눈으로 볼 수 있게 해주고 어떤 여지도 상상에 남겨두지 않기에 대다수의 사람이 좋아한다. 또한, 같은 이유로 몽상가나 명상가들은 연극을 별로 마음에 들어 하지 않는다. 이들은 상상의 나래를 펼 수 있다는 이유로, 그리고 내면에 듣기 좋은 메아리를 울려 퍼지게 해준다는 이유로 자기만의 생각을 소중히 여긴다. 이 사람들은 연극에는 전혀 관심이 없고, 공연을 관람하는 수동적인 즐거움에 비해 독서라는 능동적인 기쁨을 훨씬 즐긴다.

책이란 무엇인가? 작은 기호들이 늘어서 있는 공간이다. 그 이상이 아니다. 그 기호들에 해당하는 형태와 색채, 감정을 읽어내는 일은 독자의 몫이다. 책의 내용이 우울할지, 화사할지, 열정적일지, 냉정할지 등은 독자에게 달렸다. 책에 들어 있는 모든 기호가 신비한 손가락 같다고 말하고 싶다. 하프를 연주하듯 두뇌 섬유를 스치며 우리의 영혼에 음을 일깨우는 연주자의 손가락이라고 말이다. 예술가의 손길이 영감으로 충만하거나 지혜를 담아낸다고 해도 헛될 수 있다. 그 손가락이 만들어내는 음률은 우리 독자들의 내면이라는 악기에 달린 내밀한 현의 질에 달렸으니 말이다. 하지만 이런 과정이 연극에서는 좀 다르다. 검은색으로 인쇄한 책 위의 작은 기호들은 살아 움직이는 영상으로 대체된다. 인쇄소에서 태어난 기호들, 모든 것을 독자가 짐작해내야 하는 작은 글자들은 남녀 배우들로 대체되고, 이렇게 되면 불분명하거나 신비로운 요소는 전혀 남지 않는다. 각각의 사람이 느끼는 감정이 필연적으로 다양한 점을 고려하더라도 결과적으로는 각자의 연극 관객이 받는 인상은 달라질 가능성이 거의 없다. 그래서 모든 공연장에서는—문학 논쟁이나 정쟁이 방해하지 않으면—관객들 사이에 진정으로 공감대가 형성되는 느낌이 든다.

게다가 연극이라는 예술 형태가 실제 삶에 가장 가까운 점을 고려하면 연극이 또한 가장 이해하기 쉽고 감각적으로 느끼기에도 용이함을 인정할 수밖에 없다. 결론적으로 연극이야말로 대중이 합의를 이루기 가장 쉬운 예술이며, 곡해할 가능성이 가장 적은 예술이다.

◆　◆　◆

죽음이 우리 존재를 온전히 사라지게 한다는 명제를 나는 부정하지 않는다. 지극히 가능한 이야기이기 때문이다. 그렇다면 죽음을 두려워할 필요가 없다.

내가 존재하면 죽음은 존재하지 않고, 죽음이 존재하면 나는 이미 존재하지 않는다.

하지만 죽음이 휘몰아치는 동안에도 우리를 존속하게 내버려 둔다면, 지금 그대로의 모습으로 무덤 너머에서 반드시 다시 만나리라는 것을 명심해야 한다. 물론 그렇게 되면 무척 당황할 것이다. 이는 본질적으로 천국과 지옥이라는 개념을 그르치는 생각이다.

이 또한 우리에게서 희망을 완전히 앗아가는 생각이다. 우리의 가장 큰 소망은 나 자신이 아닌 다른 누군가가 되는 것이니 말이다. 하나 이는 우리에게 완전히 금지된 소망이다.

◆　◆　◆

게르하르트 아민토르[25]라는 작가가 쓴 독일어로 된 짧은 책이 하나 있다. 『삶의 책에 추가할 기록』이라는 제목의 이 책은 여성

---

25 독일의 군인이자 시인이자 소설가였던 다고베르트 폰 게르하르트(1831~1910)의 필명이다.

들의 일상 환경을 다루는데, 상당히 진실되기에 슬픈 내용을 담고 있다. "일상의 고민거리로 인해 한 가정의 어머니는 본래 가지고 있던 생기와 활력을 잃고 뼛속까지 소진된다. '오늘은 무슨 음식을 하지'라는 질문은 무한히 반복된다. 마룻바닥을 끊임없이 쓸어대는 일, 먼지를 털고 옷을 솔질하는 모든 일은 계속해서 떨어지는 물방울이 되어 천천히 그러나 분명히 그녀의 정신과 육체를 부식시킨다. 부엌 오븐 앞 일상이라는 마법으로 인해 수정과 같이 맑게 웃던 장밋빛 뺨의 자그마한 여성은 고통에 찬, 까맣게 타들어 가는 미라로 변해간다. 스튜가 끓는 연기가 자욱한 부엌이라는 제단에 그녀의 젊음, 자유, 아름다움과 기쁨은 제물이 되어 바쳐진다." 게르하르트 아민토르가 적은 내용은 대충 이렇다.[26]

실제 위 내용은 절대다수 여성들의 운명이다. 삶을 살아간다는 것은 남자들에게만큼이나 여자들에게도 힘들다. 세상에 존재하기가 왜 이렇게 힘든지 곰곰이 생각해보면, 인간이 삶을 영위하는 데 꼭 필요한 요소들은 모두 희귀하거나 생산이나 추출

---

26 아나톨 프랑스는 이 작가의 독일어 이름 폰von을 가져와 프랑스식으로 de를 추가한 듯하다. 독일어 문헌에 필명은 아민토르가 맞다. 모음 a로 시작하는 이름이라 프랑스식 de가 추가되면 D'Amyntor가 된다. 아나톨 프랑스가 쓴 대로 하면 다민토르, 정확히 하면 아민토르다.

이 고되기 때문에, 지구라는 행성에서 살아가기가 당연히 힘들다고 수긍하게 된다. 근본적인 이유, 지구의 형태 자체나 구성, 지구의 동식물 등과 관계있는 이유는 불행하게도 영속적이며 우리가 어찌할 수 없는 조건들이다. 인류가 공평하게 노동을 분담해도 대다수의 남녀는 노동의 무게에 짓눌려 살 수밖에 없다. 여성 중 미적 조건이 충족되어 외모를 가꾸고 지성을 계발하는 여유를 누리는 사람은 몇 되지 않는다. 그러니 잘못은 자연에 있다. 그렇다면 사랑은 어떻게 되는가? 가능한 대로 변해간다. 배고픔이 사랑의 큰 적이다. 그리고 여성들의 배고픔은 부인할 수 없는 사실이다. 20세기에도 19세기처럼 여성들이 요리할 가능성이 높다. 사회주의의 영향으로 시대가 역행해, 수렵꾼들이 아직 온기가 식지 않은 사냥감을 그 자리에서 먹어 치우거나 숲속의 비너스가 연인들을 불러 모으는 시대로 돌아가지 않는다면 말이다. 그 시대 여성들은 자유를 누렸다. 내가 남자와 여자를 창조했다면 포유류 중 월등한 종에 속하는 지금의 형태와는 다른 유형의 존재로 만들었을 것이다. 나 같으면 남녀를 거대한 유인원류와 유사한 모습으로는 절대 만들지 않고, 곤충의 형태를 본떴을 것이다. 애벌레의 단계를 거쳐 나비의 형태로 변신하고, 생애가 끝날 때까지 오직 사랑하고 아름다움을 유지하는 일 말고는 걱정거리가 없는 곤충의 모습으로 말이다. 그리고 젊음이라는 시기를 인생의 끝자락에 두었을 것이다. 마지막 변신 단계에서 일부 곤충들은 배 부분이 아니라 날개를 가진다. 삶의 마지막 순간 사랑하기 위해, 그러고 나서 죽음을 맞기 위해 정화된 형태로 다시 태어난다.

내가 어떤 신이라면, 아니 조물주라면—알렉산드리아학파 철학을 통해 배운 바에 따르면 이 하찮은 작업은 조물주의 일이거나 그저 뭔가를 만들어내는 악마의 일이다—다시 말해, 내가 그 조물주거나 악마라면 곤충의 모습을 본떠 사람을 만들었을 것이다. 나는 인간이 우선은, 곤충들처럼 애벌레일 때 구역질이 날 정도의 노동을 통해 영양분을 얻는 단계를 완료하도록 했을 것이다. 이 단계에서는 성별도 없고, 배고픔이 사랑을 타락시키는 일도 절대 없다. 그러고 나서야 다음 단계에서 마지막 변신을 할 때 반짝이는 날개를 움직이며 남성이든 여성이든 이슬과 욕망을 먹고 살도록, 입을 맞추며 마지막 숨을 거두도록 만들었을 것이다. 나는 그런 방식으로 유한한 인간의 생에 유한성에 대한 사례이자 상으로써 사랑을 선사했을 것이다. 그랬다면 인간들에게 훨씬 나았을 것으로 믿기 때문이다. 하지만 세상을 창조한 것은 내가 아니고, 창조를 책임진 조물주는 내 의견을 수렴하지도 않았다. 우리 인간 중 철학자와 지성인의 의견만을 수렴한 것이 아닐까 생각해본다.

◆　◆　◆

과학적 사실들이 일상의 사실들과 근본적으로 다르다고 믿는 것은 크나큰 착오다. 두 종류의 사실은 그저 범위와 정확도에서만 다를 뿐이다. 실질적인 측면에서는 상당한 차이점이지만, 학자의 관찰이 현상이나 외관에 그침을 잊어서는 안 된다. 그런 관찰로는 본질을 꿰뚫거나 사물의 진정한 성질을 알아낼 수 없다. 현미경으로 무장해도 사람의 눈은 사람의 눈일 뿐이다. 다른 눈보다 많이 볼 수 있을지 몰라도 다르게 보지는 못한다. 학자는 자연과 인간의 관계를 확장하지만, 관계의 근본적인 성격 자체를 변화시킬 수는 없다. 학자는 우리가 미처 파악 못 하고 지나가는 일정 현상들이 어떻게 생기는지 탐구하지만, 우리 같은 보통 사람과 마찬가지로 그런 현상이 왜 생기는지에 관해서는 설명하지 못한다.

과학에 도덕성을 요구하는 것은 쓰라린 착오를 무릅쓰는 일이다. 3백 년 전만 해도 우리 인류는 지구가 모든 창조물의 중심이라고 믿었다. 하지만 이제 우리가 사는 지구가 태양으로부터 정해진 지점에 똑 떨어진 한 방울과 같은 존재임을 알고 있다. 이제 머나먼 행성들의 표면에 어떤 기체가 타고 있는지도 안다. 우리는, 움직이는 먼지에 불과한 광활한 우주가 영원히 계속해서 새로운 별을 탄생시키고 또 소멸시킴을 안다. 우주는 쉴 새 없이 새로 태어나고 별들은 계속 스러진다. 그렇게 놀라운 발견을 한 이후 우리의 도덕성은 어떤 점이 달라졌는가? 그로 인해 어머니들이 아이들을 더 잘, 아니면 더 못 키우게 되었는가? 여성의 아름다움을 더, 아니면 덜 느끼게 되었는가? 심장이 영웅의 가슴에서는 다르게 박동하는가? 그렇지 않다! 지구가 위대하건 사소하건 인간에게는 중요한 문제가 아니다. 지구상에서 우리가 사랑할 수 있고 가슴 아파할 수 있으면 그것으로 충분하다. 고통과 사랑, 이 둘이야말로 인간 세상의 무궁무진한 아름다움이 샘솟는 한 쌍의 원천이다. 아파한다는 것, 이 얼마나 신비롭고 신성한가! 우리가 가진 모든 선함, 우리의 삶을 가치 있게 하는 모든 것은 다 고통이다. 고통이 있기에 자비의 마음이 있고 용기가 존재하며 모든 미덕이 있을 수 있다. 지구는 우주라는 무한한 사막 속의 모래 한 알에 불과하다. 하지만 오직 지구에서만 고통이 존재한다면 온 우주를 통틀어 지구가 가장 위대하다. 아니, 무슨 말인가? 지구가 전부고, 나머지는 그저 무無에 불과하다. 고통 없이는 미덕도 천재성도 없기 때문이다. 고통을 매력적으로 만들 수 있는 기술이 천재성이 아니면 대체 무엇이 천재성인가? 도덕은 본질적으로 오직 감정에 기댄다. 수많은 위대한 지성인들이 그와는 다른 희망을 품었음을 나도 잘 알고 있다. 르낭[27]은 기꺼이 과학적인 도덕이라

---

27 Ernest Renan, 1823~1892. 프랑스의 비평가로 신학과 철학에서 초자연적인 성격을 배제하고 인간 본성을 도덕적이라고 보는 등 자연주의의 경향을 띠었다.

는 이상을 꿈꿨다. 그는 과학에 대해 거의 한도 끝도 없는 믿음이 있었다. 산맥을 뚫을 만큼 발전한 과학이야말로 세상을 바꿀 것으로 믿었다. 하지만 나는 르낭처럼 과학이 우리 인간을 신의 반열에 올려놓으리라 믿지 않는다. 솔직히 말하면 전혀 그렇게 되고 싶지 않다. 나의 내면에는 신이 될 소질이 조금도 없다고 생각한다. 나의 약점은 나에게 소중하다. 나의 존재 이유만큼이나 나의 불완전함에 애착을 느낀다.

◆　◆　◆

장 베로의 작품 중 이상하게 끌리는 그림 하나가 있다. 바로 「그라파르 홀」[28]이라는 그림이다. 파이프 담배와 가스램프에서 나오는 연기가 자욱한 그라파르 홀에서 열리는 모임을 그린 작품이다. 그림은 희극으로 치닫는 순간을 포착했다. 하지만 이 얼마나 심오하며 진실한 희극인가! 얼마나 애수에 차 있는가! 이 놀라운 작품에는 어떤 역사와 강령을 다룬 수십 권의 책보다 사회주의 노동자의 진수를 제대로 이해하게 해주는 한 인물이 그려져 있다. 어깨도 없고 오직 이마만 눈에 띄는 대머리의 키

---

28 프랑스의 인상파 화가 장 베로(Jean Béraud, 1845~1935)의 1884년 작품 「그라파르 홀에서À la salle Graffard」를 말한다.

작은 남자다. 그는 목도리를 두른 채 단상에 자리 잡고 있다. 예술 계통의 노동자임이 분명하다. 감정 표현도 없고, 병약한 프롤레타리아 계급의 고행자라고나 할까. 초대 교회의 성인들만큼이나 순결한 광신도이자 작업실의 성인聖人이라고 할 수도 있다. 그는 사도使徒가 분명하다. 그를 보고 있으면 민중 가운데서 새로운 종교가 탄생하고 있음을 직감한다.

◆　◆　◆

아주 풍성하고 열린 지성을 갖춘 찰스 라이엘[29]이라는 영국 출신의 지질학자가 있다. 40여 년 전에 동일과정설[30]이라는 이론을 성립한 사람이다. 라이엘은 지구상에서 오랜 기간 벌어진 여러 변화가 우리 생각처럼 갑작스러운 재난에서 기인하지 않았다고 주장했다. 오히려 인간이 지각하기 어렵고 느리게 진행되는 원인이 존재하며, 그 원인은 현재 진행형이라고 했다. 그의

---

29 Charles Lyell, 1797~1875. 스코틀랜드 출신 19세기 영국의 지질학자로 근대 지질학의 체계를 완성한 인물로 꼽힌다. 찰스 다윈은 라이엘의 『지질학의 원리』를 읽고 큰 영향을 받았다.

30 프랑스어로는 la théorie des causes actuelles로, 영어로는 uniformitarianism으로 알려진 이론이다.

의견에 따르면, 자취가 놀랍게 느껴지는 지구의 엄청난 변화들은 시간이 압축되었기 때문에 무시무시하게 느껴질 뿐이고, 사실은 아주 천천히 일어난다. 해양 층의 변화라든지, 한때 나무 형태의 고사리류로 뒤덮였던 평원으로 빙하가 떠내려오는 일은 격한 방식으로 일어나지 않는다.

그 정도의 변화들은 사실 우리 눈앞에서도 벌어지지만, 우리는 전혀 알아차리지 못한다. 말하자면, 퀴비에[31]가 무시무시한 격변의 개념으로 설명한 내용을 찰스 라이엘은 자연의 힘이 자비롭게도 느릿하게 작용한 결과로 보았다. 물리적인 세계에서 도덕의 세계로 그 원칙을 옮겨 적용하면 동일과정설 이론이 얼마나 유익할지 상상할 수 있다. 보수적인 사람과 혁신주의자가 화해 가능한 지점에서 만나게 된다.

꾸준한 방식으로 일어나는 변화는 인간이 지각하기 어렵다는 사실을 깨달으면, 보수주의자라도 꼭 필요한 변화를 굳이 반대할 이유가 없어진다. 변화를 막기 위해 자신이 놓은 장애물을 그대로 둘 경우 지속적인 변화가 가져오는 파괴적인 힘이 누적될 것이라는 두려움 때문에라도 말이다. 반면 혁명주의자는 에

---

31 조르주 퀴비에(Georges Cuvier, 1769~1832). 프랑스 정치가이자 화석 연구로 유명한 동물학자로 종의 불변을 주장했다. 다윈 등장 이전 라마르크로 대표되는 진화론을 정면으로 반대했다.

너지가 언제나 활동하고 있음을 깨닫게 되므로 섣불리 동력을 끌어낼 이유가 없어진다. 도덕 영역에 그대로 적용한 동일과정설이 인류의 의식에 자리 잡는다고 상상하면 할수록 지구상의 모든 민족이 현자들의 집단으로 탈바꿈하리라 믿는다. 다만 이 이론의 도입이 문제가 될 텐데, 그 문제가 상당히 큰 것은 인정할 수밖에 없다.

◆　◆　◆

철학자이자 시인이 쓴 책 한 권을 막 읽었는데, 거기에는 기쁨도, 고통도, 호기심도 없이 살아가는 사람들의 이야기가 나온다. 책 속의 새로운 유토피아를 떠나 다시 세상으로 돌아오니 주위에는 서로 싸우고, 사랑하고, 고통받으며 살아가는 사람들로 가득하다. 그들과 더불어 사랑하고 또 아파할 수 있어 얼마나 좋은지! 그런 삶이야말로 진정한 기쁨이라는 사실에 얼마나 안도가 되는지! 자신을 넉넉히 나눠주는 나무에 상처를 내야만 진액을 얻을 수 있듯 진정한 기쁨은 고통 안에서 찾을 수 있다. 유토피아를 다룬 그 책 속의 인물들은 열정을 없애버림으로써 그와 동시에 기쁨과 고통, 아픔과 쾌락, 선, 악, 아름다움을 모두 소멸시켰다. 그리고 무엇보다 미덕을 없애버렸다. 그들은 현명할지 몰라도 아무런 가치가 없다. 왜냐하면 우리는 우리가 살며 애쓴 만큼 가치 있는 존재들이기 때문이다. 그들이 아무리 오래 산들, 자신들의 삶을 스스로 채워가지 않고 진정으로 살아내지 않는다면 무슨 소용이 있는가?

이 책을 읽고 인간의 삶의 조건이 힘들지만 얼마나 소중한지 깨달았다. 또한 고통이 가득한 삶을 받아들이게 되었다. 마침내 주위 사람들을 존중하는 마음이 생겼고, 인간에 대한 연민이라는 위대한 감정에 도달했다. 이 책이 훌륭한 이유는 우리의 현실을 보듬을 기회를 주었기 때문이고, 신기루와 착각에 빠지지 않도록 경고해주었기 때문이다. 악덕이 모두 배제된 책 속의 등장인물들은 악이 부재한 축복받은 환경 속에서도 여전히 우울하다. 그럼으로써 그들이 실제 인간 세상의 우리에게 필적하지 못함을 보여주었다. 우리네 인생의 환경을 버리고—그런 행위가 가능한 조건에서—책 속 인물들의 삶을 추구하는 것은 미친 짓임을 깨달았다.

아, 얼마나 암울한 행복인가! 더는 열정이 없으니 예술도 창조할 수 없다. 그들이 사는 세상에 어찌 시인이 나올까? 증오와 사랑의 격정을 통해 나타나는 서사시의 영감도 느낄 수 없고, 인간의 악덕과 어리석음에 발맞춰 웃는 희극의 영감 또한 맛볼 수 없다. 더는 디도와 파이드라³²를 상상하지 못할 테니, 얼마나 불행한 사람들인가! 그들은 불멸의 소귀나무³³ 아래로 부들거리며 지나가는 신의 그림자를 더는 보지 못한다.

그들은 인간이 사는 세상을 경건하게 하는 시의 기적을 보지도 듣지도 못한다. 그들에게는 베르길리우스[34]가 없지만, 사람들은 그들에게 승강기가 있으니 행복하다고 생각한다. 하지만, 단 한 줄의 아름다운 시구가 세상에 가져다주는 이득은 금속을 다루는 기술로 빚어낸 어떤 명작 기계들을 다 합쳐도 도무지 따라올 수 없다.

거침없는 발전이라니! 기계를 다룰 줄 아는 이 '엔지니어 부족'에게는 더는 열정도 시도 사랑도 없다. 아! 이미 행복한데 어찌 사랑을 알까! 사랑은 오직 고통 안에서만 만개한다. 연인들의 고백은 괴로움에 몸부림치는 울부짖음이 아니고 무엇인가. "어떤 신이 나 대신 불행해질까!!" 어느 영국 시에 나오는 주인공은 사랑의 격정 속에서 이렇게 외친다. "내 사랑이여, 신이라면 그대를 위해 고통받지도 않고, 죽을 수도 없을 것이오!"

-----

32 디도는 전설 속 카르타고 최초의 여왕이다. 파이드라는 그리스 신화 속에서 미노스의 딸이자 테세우스의 아내로 17세기 프랑스 극작가 장 라신이 쓴 비극 속 주인공이기도 하다. 프랑스식으로 각각 Didon, Phèdre로 표기한다.

33 프랑스어로 myrte, 영어로는 myrtle 혹은 candleberry등으로 불리는 과실수다. 열매에서 추출한 왁스는 초를 만드는 데 쓰였다. 그 어원은 그리스어로 '향기'를 뜻한다.

34 베르길리우스는 로마 서사시 「아이네이스」의 작가로 전 유럽의 시성으로 추앙받는다. 단테의 『신곡』에서 저승의 안내자로 등장하기도 한다.

고통을 용서하자. 이토록 달콤하면서 쓰라린, 이렇게도 나쁘면서 좋고, 이상적인 동시에 현실적이며, 모든 것들을 포함하며 모든 모순 또한 포용하는 행복은 우리네 인생에서만 느낄 수 있음을 기억하자. 그곳이 우리의 정원이기에 우리는 삽을 들고 열심히 땅을 일구어야 한다[35]

◆　◆　◆

인간에게 존재 이유와 최종 목적을 가르치므로 종교는 강하고 선하다. 과학과 지적 자유의 시대를 사는 우리는 거의 모두가 윤리신학의 교리를 밀어냈다. 그러자 도대체 왜 우리가 이 세상에 살고 있는지, 무엇을 하려고 이 세상에 왔는지 알 도리가 없어졌다.

운명의 신비는 강렬한 비법으로 우리를 완전히 감싼다. 삶을 살아간다는 비극적인 부조리를 통렬히 느끼지 않으려면 아무것도 생각하지 않는 방법밖에 없다. 바로 그 부조리, 우리의 존재 이유를 절대 알 수 없다는 것이야말로 우리가 느끼는 깊은 슬픔과 환멸의 근원이다. 물리적인 악, 도덕적인 악, 영혼과 육체의 근심거리, 그리고 악한 이들이 잘살고 정의로운 이들이 모욕당

---

35 앞에서도 저자가 언급한 볼테르의 소설 『캉디드』의 결론이나 다름없는 "우리의 정원을 가꾸자Il faut cultiver notre jardin"라는 유명한 글귀와 관계있다.

하는 현실은 우리가 세상의 질서를 깨달을 수만 있다면, 또 신의 뜻을 알아차릴 수만 있다면 훨씬 견디기 쉬울지도 모른다. 믿는 자들은 자신에게 질병이 있음을 기뻐한다. 불공정함과 적이 행하는 폭력을 즐거이 받아들인다. 자신의 잘못과 죄로 인해 소망을 잃지도 않는다. 하지만 신앙의 빛이 모두 사그라진 세상에서 악과 고통은 의미조차 잃어버린 불쾌한 장난이나 음울한 농담에 불과하다.

◆　◆　◆

호기심이 죄가 되는 순간이 항상 있다. 그리고 악마는 항상 학자들 편을 들어왔다.

◆　◆　◆

10여 년 전쯤 생 로[36]에서 지낼 때, 구릉진 작은 마을에 사는 친구를 통해 신부 한 명을 만났다. 학식이 높고 달변가인지라 그와의 대화가 참으로 즐거웠다.

---

36 Saint-Lô. 프랑스 북서부에 위치한 노르망디 지역의 작은 도시다.

알게 모르게 나는 그의 신뢰를 얻었고, 우리는 심각한 주제들에 대해서도 대화를 나눴다. 그럴 때면 그는 사물을 꿰뚫어 보는 섬세한 지성을 보여주었고, 나는 그의 영혼에서 신성한 솔직함이 우러나오는 것을 느꼈다. 그는 현자였고, 또한 성인이었다. 위대한 결의론자[37]이자 뛰어난 신학자였던 그의 말은 너무도 대단한 힘을 가진 데다 매력적이어서 그 작은 마을에 있는 동안 그의 이야기를 경청하는 것만큼 내 마음을 사로잡는 즐거움은 없었다.

하지만 감히 그를 바라보지도 못한 채 며칠이 흘렀다. 키나 체형, 외모로 보면 그는 괴물에 가까웠다. 몸이 뒤틀린 난쟁이를 상상해보라, 그는 무도병[38]에 걸린 사람처럼 몸을 후들거리며 부댓자루 같은 긴 옷 안에서 껑충거린다. 이마를 덮은 곱슬곱슬한 앞머리가 젊음을 증명해주었지만, 그 모습은 한층 흉물

---

37 인간의 양심과 관련한 내용을 다루는 신학의 영역. 마땅히 해야 할 일을 하지 못한 경우 그 원인을 찾고자 하는 노력을 다룬다.

38 舞蹈病, 프랑스 구어로 'danse de Saint-Guy'(직역하면 '기Guy 성인의 춤'이 된다)라고 불리는 질환으로 몸의 여러 근육에 불수의적 운동 장애가 나타난다. 시덴함 무도병으로도 불린다. 12세에 순교한 성인 기(라틴어로는 성인 비투스)의 성유물을 운반하는 과정에서 발생한 기적적인 치유 때문에 프랑스어로 이렇게 불러왔다. 기 성인은 간질 환자와 무도병 환자의 수호자로 인식된다.

스럽게 보였다. 하지만 마침내 나는 정면으로 그를 바라볼 용기를 냈다. 그 후로는 그의 흉한 외모에 강렬한 흥미를 느꼈고, 그의 외모는 나의 고찰과 명상의 대상이 되었다. 그의 입술이 천사 같은 미소를 띨 때면 검게 변한 치아 세 개가 드러나는 모습을, 항상 천국을 향하듯 치켜뜬 그의 눈이 핏발이 선 눈꺼풀 사이로 움직이는 모습을 경외의 눈빛으로 바라보았다. 측은하기는커녕 그에게 시기심을 느꼈다. 육체가 너무도 완벽하게 일그러졌기에 그가 육체의 고통과 감각으로 인한 약점, 그리고 밤의 암흑이 불러오는 유혹을 완전히 면했다고 믿었기 때문이다. 나는 그를 다른 이들과 비교해 행복한 사람이라고 판단했다.

그런데 어느 화창한 날, 그와 함께 은총에 관해 토론하며 언덕을 걸어 내려오고 있었다. 그가 갑자기 멈춰서더니 서투르게 내 팔에 손을 얹고는 지금까지도 귀에 생생한 떨리는 목소리로 이렇게 말했다.

"저는 단언합니다. 분명히 알고 있어요. 순결은 하나님의 특별한 도움 없이는 지키기 어려운 미덕입니다."

이 말에 나는 육체의 죄가 얼마나 가늠하기 어려운 심연을 이루는지 깨달았다. 오직 고통과 혐오만을 겪는 육체를 가진 이 사람 또한 욕망의 자극을 느낀다면 어떤 의인인들 시험에 들지 않을까?

◆ ◆ ◆

　신실한 신자는 종교에, 예술적 감수성이 풍부한 사람은 예술에 정련된 감각주의자가 된다. 그런데 어느 정도 맹목적인 숭배자가 아니고서는 감각적일 수 없다. 시인은 낱말과 소리를 맹목적으로 숭배한다. 특정한 음절의 조합을 놀라운 미덕이라 칭송하고, 신실한 신도들처럼 어떤 조합을 신성시하며 그 효력을 신봉한다.

　생각보다 작시법에서는 전례典禮가 중요하다. 시학에 완전히 몰입한 시인에게 운문 창작은 신성한 예식을 치르는 것과 같다. 이런 마음의 자세는 근본적으로 보수적일 수밖에 없어서 자연스럽게 불관용의 태도가 따른다는 사실에 놀랄 필요가 전혀 없다.

　잘했든 못했든 가장 많은 혁신을 이룬 사람들을 향해 미소 짓기 무섭게, 우리는 그들이야말로 새로운 것에 가장 크게 분노하고 혐오하는 사람임을 깨닫는다. 인간의 정신이 보여주는 흔한 현상이다. 종교 개혁의 역사에서 비극적인 사례들을 너무 쉽게 찾아볼 수 있다. 앙리 에티엔은 화형당할 신세를 면하기 위해 도망을 택했지만, 피신 중에 자신과 의견을 달리하는 동료들을 밀고했다. 칼뱅의 예도 있고, 프랑스 역사 속 혁명가들의 불관용이 얼마나 끔찍한 결과를 낳았는지도 잘 알고 있다.

예전에 나는 노년의 프랑스 공화국 상원의원 한 명을 알았다. 청년 시절에는 샤를 10세의 왕정에 대항해 온갖 비밀 조직과 음모를 꾸몄고, 7월 혁명 정부 하에서는 60건도 넘는 봉기를 선동했으며, 나이가 들어서는 프랑스 제정을 전복하려는 계획을 세우는 등 세 차례 정치 혁명에 중요한 역할을 한 인물이다. 그는 평온한 노인이었다. 의회에서 토론이 벌어질 때마다 미소를 띠며 온화함을 유지했다. 평생 수없이 피곤하던 끝에 얻은 평온한 휴식의 시기를 방해할 일은 아무것도 없어 보였다. 오직 평안함과 충만함에 감싸인 듯했다. 그러던 어느 날 그가 격노한 모습을 보았다. 이미 오래전에 꺼졌다고 생각한 내면의 불꽃이 그의 눈에 불타올랐다. 뤽상부르그 궁전[39] 창문을 통해 밖을 내다보던 그가 정원에서 일렬로 행진 시위를 하는 대학생 무리를 목격한 순간이었다. 이 순진한 학생들의 소요에 그가 격노했다.

"길거리에서 저런 소란을 피우다니!" 그가 분노와 공포에 휩싸여 목이 조이는 듯한 소리로 외치고는 경찰을 불렀다. 그는 선량한 사람이었다. 하지만 자기 자신이 봉기에 나서보았기 때문에 변혁의 그림자에 서기를 두려워했다. 혁명을 일으켜본 자들은 후대가 혁명에 나서고 싶어 하는 상황을 견디지 못한다. 같

---

39 프랑스의 상원이 위치한 파리 시내 건물이다.

은 맥락으로 볼 때, 시를 쓰는 방법론에서 중요한 변화를 이끈 시인들은 더는 아무것도 바뀌지 않기를 바란다. 그들도 그냥 사람일 뿐이다. 진정 위대한 현인이 아닌 이상, 이제 자신이 주도하지 못하는 삶이 계속해서 잘 굴러가는 현실이, 주위에서 벌어지는 일들을 바라보기만 해야 하는 상황이 고통으로 다가온다. 시인이든, 상원 의원이든, 구두 고치는 사람이든 자신이 세상의 결정적인 목적이 되지 못함을, 우주 최고의 이성을 갖춘 이가 아님을 순순히 받아들이기는 쉽지 않다.

◆ ◆ ◆

대부분의 경우, 시인들은 멋진 시구를 지어낼 때 자신이 준수하는 과학적인 원칙들을 자각하지 못하는 경우가 많다고 볼 수 있다. 운율학을 논하면, 시인들은 합리적이게도 가장 순진한 경험주의에 만족한다. 즉, 해오던 대로 계속한다. 그렇다 해도 시인들을 비난하는 것은 어리석은 짓이다. 예술이든 사랑이든 본능이면 충분하다. 과학은 그저 운 좋게 한 가닥 빛을 비출 뿐이다. 아름다움이 기하학적인 균형에서 비롯될지라도 그 섬세한 형태를 포착해 표현하는 것은 오직 감정에 달렸다.

시인들은 행복하다. 시인의 힘은 어느 정도 그들의 무지 자체에서 나온다. 그들은 자신이 창조하는 예술의 원칙들에 대해 너무 열심히 논쟁할 필요가 없다. 그러다 보면 그들의 순수함과 동시에 영감도 잃게 되고, 뭍으로 끌려 나온 물고기처럼 이론이라는 메마른 땅에서 헛되이 몸부림치는 신세가 된다.

◆ ◆ ◆

　그리스 철학의 "너 자신을 알라"라는 말은 엄청난 헛소리다. 우리는 우리 자신에 대해서도 타인에 대해서도 결코 알 수 없다. 바로 그 점이 문제다! 세상을 창조하기보다 세상을 이해하기가 더 어렵다. 헤겔은 그 진리를 조금은 알아차린 듯하다. 그는 인간의 지성이 발달해서 언젠가는 인공적인 우주를 만들 수도 있다고 생각했다. 창조는 가능하나 이해는 절대 불가능하다! 그러니 인간의 지성을 진리 탐구에 활용하는 것은 정말 편파적이고 잘못된 판단이다. 정의라는 원칙에 따라 사람과 그들의 업적을 판단하는 데 지성을 사용하는 행위 또한 마찬가지다. 지성은 본래 돌차기 놀이나 체스보다 훨씬 복잡한 형이상학이나 윤리학, 미학이라 불리는 놀이에 전념한다. 하지만 지성을 가장 쓸모 있고 즐겁게 사용하려면 여기저기에서 재치 있고 명료한 이해를 끌어내 그 자체를 즐겨야 한다. 체계적인 사고나 판단에 대한 집착으로 순수한 즐거움을 망치치 않아야 한다.

◆ ◆ ◆

　당신들은 깊은 고찰의 상태가 인간 세상의 모든 악의 원인이라고 한다. 하지만 그렇게까지 생각한다면 인간의 사고가 가진 영향과 힘에 대한 지나친 과대평가다. 실제로 지성은 우리가 생각하는 만큼 자연스러운 본능이나 감정을 침해하지 않는다. 심지어 다른 사람보다 훨씬 이기적이고 인색하며 감각적인 사람들도, 지성이 강하게 작용하는 사람들도 마찬가지다. 이성적인 사유에 따라 자신의 심장 박동이나 호흡의 리듬을 제어하려 드는 생리학자는 절대 없다고 본다. 가장 발전한 과학적인 문명사회에서도 사람이 철학적인 방식을 통해 행하는 일은 거의 없다. 있다 해도 본능과 감각만으로 이루어낼 수 있는 성과에 비하면 그렇게 중요하지도 않다. 우리 인간은 반사 작용의 움직임에 반하는 경우가 거의 없다. 그래서 감히 인간 사회에 자연의 상태에 반하는 지성의 상태가 있다고 말하기 어렵다.

　모든 요소를 고려할 때, 형이상학자라고 해서 보통 사람들이 생각하는 만큼, 그리고 자신이 믿고 싶어 하는 만큼 다른 이들과 다르지 않다.

　생각하는 것은 무엇인가? 생각은 어떻게 하는가? 우리는 모두 단어를 통해 생각하는데, 그 행위 자체가 감각적이며 자연의 상태와 관계있다. 생각해보라, 세상의 체계를 구축하는데 형이상학자가 의지할 수 있는 요소라고는 원숭이와 개들이 다듬어 놓은 외침 소리밖에 없다. 형이상학자는 심오한 사색이요, 초월적 방법론이라고 부르지만 원시림의 동물들이 배고픔, 공포, 애정을 표현할 때 외쳐대는 의성어를 임의적인 순서로 조합한 것에 지나지 않는다. 이 의성어들에 우리 인간은 추상적이라고 생각하는 의미들을 서서히 결합해왔다.

철학 서적을 가득 채운 이 미약한, 그리고 이미 사그라진 일련의 작은 외침들이 우주에 대해 너무 많은 가르침을 주었기 때문에 더는 우리 인간이 살아갈 수 없다고 생각하며 두려워 말라. 우리가 살아가는 이 암흑 속에서 현자는 벽에 머리를 찧으며 괴로워하지만, 무지한 자는 방 한가운데 누워 편히 휴식을 취한다.

◆　◆　◆

가브리엘 세아이유[40]에게

존재할 수 있는 세상 중에서 우리가 사는 세상이 최악인지 나

---

40 Gabriel Séailles, 1852~1922. 프랑스 철학자로 미학과 예술의 원리를 다룬 소르본 대학 철학 교수. 다빈치와 18세기 프랑스 화가 앙투안 와토에 관한 책을 펴냈다.

는 알 수 없다. 나쁜 분야일지라도 최상급을 부여하는 것은 이 세상에 대한 지나친 미화라고 생각한다. 다른 세상에 대해 상상할 여지도 별로 없다. 천체 물리학을 동원해도 우리 지구에서 가장 가까운 행성들조차 표면에서의 삶의 조건이 어떤지 알 수 없다. 금성과 화성이 우리 지구와 많이 닮은 사실 외에는 아는 바가 거의 없다. 이 유일한 유사점을 바탕으로 그곳에서도 지구에서처럼 악이 지배하고, 또 지구가 악의 세력이 지배하는 거대한 제국의 아주 작은 지방에 불과함을 유추할 수 있다. 태양이 천천히 열기와 빛을 잃어가는 우주 공간을 목성, 토성, 천왕성, 해왕성은 침묵 속에 돌고 있을 뿐인데, 이들 거대한 행성들에서의 삶이 더 낫다고 가정할 이유는 전혀 없다. 빠르게 움직이며 자욱한 구름에 휩싸인 행성에서 사는 존재들이 누구인지 어떻게 알겠는가? 비유법을 써서, 우리 태양계를 오직 고통받다 죽어갈 운명을 지닌 생명이 태어나는 지옥이라고밖에 생각할 수 없다. 별들이 비추는 저 먼 곳에 더 행복한 행성이 있다고 상상할 만큼 우리가 아직 환상에 젖어 있지는 않다. 우주의 별들은 우리 태양을 많이 닮았다. 과학의 발전으로 별들이 수년, 수 세기에 걸쳐 우리에게 보내는 미약한 빛줄기를 분석해냈다. 그래서 지구상에 인류가 나타난 이후로 인류의 근심거리와 어리석음과 아픔을 비추고 따뜻이 감싸준 빛, 즉 지구가 속한 천체에 작용하는 태양의 성분들과 그 별들의 표면에서 타고 있는 물질들이 동일함을 알아냈다. 이 유사점 하나만으로도 내가 우주에 진저리를 칠 충분한 이유가 된다.

저 우주의 화학 구조 단위에 대한 지식만으로도 나는 엄청나게 방대한 영역에서의 육체와 정신의 상태가 가혹할 정도로 단조로울 것임을 충분히 미루어 짐작할 수 있다. 시리우스에서건 알타이르에서건 생각하는 모든 생명체가, 우리가 아는 한, 지구에서와 똑같이 비참할 것이라는 나의 우려는 합리적으로 도달한 결론이다. 아니, 우주가 이런 것만은 아니라고 할는지도 모른다. 나 역시 어느 정도 의문을 품고 있다. 이 무한의 공간에 아무것도 없을 수도 있고, 만약 뭔가 있다 해도 우리가 알아볼 수 없다고 생각한다.

나는 우리가 어떤 환상 속에서 살고 있음을 느낀다. 우주에 대한 우리의 시선은 그저 삶이라는 험한 잠을 자다 꾸게 되는 악몽의 효과일 뿐이다. 그 점이 최악이다. 왜냐하면 우리는 무엇도 제대로 알 수 없는 존재임이 너무도 자명하기 때문이다. 세상 모든 것이 우리를 속이고, 자연은 잔인하게도 우리의 무지와 멍청함을 가지고 논다.

◆　◆　◆

폴 에르비유[41]에게

나는 인류가 어느 시대건 똑같은 양의 광기와 어리석음을 분출하도록 만들어졌다고 굳게 믿는다. 광기와 어리석음은 어떤 방식으로든 열매를 맺어야 하는 자본이다. 문제는, 결과적으로, 시간이 흐르면서 신성시된 미치광이 같은 짓들이 인간의 어리석음으로 가능한 가장 현명한 투자가 아닌가 하는 점이다. 어떤 오래된 인간의 오류가 사라지는 것을 보면 전혀 기쁘지 않다. 새로운 잘못이 그 자리를 차지할 테니 말이다. 사라진 과거의 잘못보다 새로 나타난 잘못이 더 불편하고 더 위험하지 않을까 걱정스레 자문한다. 온갖 요소들을 종합해보면, 새로운 편견보다 오래된 편견이 그나마 덜 해롭다. 오래된 잘못은 시간이 지나면서 다듬어지고 어느 순간 거의 무해한 상태가 되기 때문이다.

◆　◆　◆

---

41 Paul Hervieu, 1857~1915. 프랑스 작가로 주요 신문에 소설을 기고했고, 희곡 작가이기도 했으며, 1900년에 프랑스 학술원의 회원으로 선출되었다. 그는 환상이라는 장치를 의도적으로 파괴하고자 극도의 논리적인 방식을 통해 작품을 썼다.

실행력 있는 사람들은 최선으로 협의해 준비한 구상 내용에서 운을 구별해낼 줄 안다. 모든 기획이 본질적으로 불확실함을 알기 때문이다. 전쟁과 도박은 이 개연성을 계산하는 법을 알려줘서, 기다리다 지치기 전에 기회를 적극적으로 움켜쥐게 한다.

◆　◆　◆

인생이 좋네 나쁘네를 논하는 것은 무의미하다. 인생은 좋기도 하고 동시에 나쁘기도 한 것이라고 말해야 옳다. 인생으로 인해, 오직 인생으로 인해 우리는 좋음과 나쁨의 개념 자체를 가지게 되기 때문이다. 진실을 말하면, 삶은 달콤하고, 끔찍하며, 매력적이고, 달고, 쓴 모든 것을 아우른다. 인생은 마치 극작가 플로리앙의 작품 속 주인공 아를르캥[42]과 같다. 누구는 인생을 빨간색이라고 하고 어떤 이는 파란색이라고 하는데, 둘 다 맞는 말이다. 왜냐하면 인생은 빨간색이기도 하고 파란색이기도 하며 두 가지 색 사이에 있을 수 있는 모든 색을 띠기 때문이다. 그 점에 대해서는 우리 모두가 동의한다. 서로 반목하는 철

---

42 18세기 프랑스의 소설가이자 우화 작가이며 극작가인 장 피에르 클라리스 드 플로리앙(Jean-Pierre Claris de Florian, 1755~1794)의 3부작 희곡의 주인공 아를르캥Arlequin을 이르는 말이다.

학자들도 합의하는 부분이다. 하지만 우리 인간은 자신이 생각하고 느끼는 대로 상대방을 설득하려는 습성이 있어서 내가 슬픈데 이웃이 즐거운 상황을 도저히 용납 못 한다.

◆　◆　◆

악은 필요하다. 악이 없으면 선도 존재하지 않는다. 선의 유일한 존재 이유가 악이다. 위험이 없는데 용기가 무슨 소용이고 고통이 없는데 자비가 무슨 의미가 있는가?

세상 모두가 행복한데 헌신과 희생이 무슨 소용이 있는가? 악덕 없이 미덕을 상상할 수 있는가? 증오 없이 사랑을, 흉함 없이 아름다움을 상상할 수 있는가? 고통과 악이 존재하기에 이 세상에 생명체가 살 수 있고, 삶은 살 가치가 있다. 그러니 악마라는 존재에 대해 그렇게 불평할 필요가 없다. 그는 엄청난 예술가요, 대단한 현자다. 적어도 세상의 절반을 만들어냈다. 그 절반은 다른 절반에 너무 잘 끼워 맞춰져 있기에 다른 절반에 피해를 주지 않고는 악이 차지한 절반에 손대기 불가능하다. 악을 하나 몰아낼 때마다 미덕 또한 한 가지씩 사라진다.

어느 시골 마을 장터에서 위대한 안토니오 성인의 인생을 묘사한 인형극을 즐겁게 관람한 기억이 난다. 셰익스피어의 비극과 데네리[43]의 드라마를 철학으로 승화시킨 작품 같았다. 아, 이 인형극에서는 신의 은총과 악마의 은총을 총체적으로 얼마나 잘 보여주었던가!

무대에는 우선 끔찍할 정도로 고독함이 감돈다. 그러다 곧 천사들과 악마들이 가득 등장한다. 모든 관객에게 숙명적이라는 인상을 심어주며 극이 진행된다. 보이지 않는 손이 끈을 조종해서 움직이는 인형들을 통해 악마의 개입과 천사의 개입이 대칭적으로 드러나고 각 등장인물의 행동거지가 표현된다. 기도를 마친 위대한 성인 안토니오는 여전히 무릎을 꿇은 채, 너무 오랫동안 돌바닥에 엎드려 있어서 낙타의 무릎처럼 이미 굳은살이 박힌 이마를 들고 눈물범벅이 된 눈으로 올려다본다. 이때, 그의 앞에는 황금빛 옷을 입은 시바의 여왕이 양팔을 활짝 벌린 채 성인에게 미소를 띠고 있다. 관객들은 그가 유혹에 넘어가지 않기를 숨죽여 기다리다 근심에 싸여 안토니오 성인의 고통과 절망이 펼쳐지는 장면을 따라간다.

우리는 모두 그에게서 자신의 모습을 본다. 그가 유혹을 이겨냈을 때 우리도 그의 승리를 함께한다. 영원한 투쟁 속에서 이룩한 전 인류의 승리이기 때문이다. 안토니오 성인은 시바의 여왕의 유혹을 견뎌냈기 때문에 위대한 성인으로 기억된다. 진주

---

43 프랑스의 극작가 아돌프 데네리(Adolphe D'Ennery, 1811~1899)를 말한다.

장식이 달린 긴 옷자락 아래로 갈라진 악마의 발을 숨기고 있던 이 아름다운 여성을 안토니오 성인에게 보냄으로써 사탄은 은둔자 안토니오가 성인의 반열에 오르는 데 중요한 역할을 했다.

이 같은 내용을 담고 있는 인형극을 보고 나서 나는 악은 선에 꼭 필요하며 악마는 세상에 존재하는 도덕적인 아름다움을 위해 불가피한 존재임을 확신하게 되었다. [44]

◆　◆　◆

현자들에게는 아이 같은 천진함이 묻어난다고 생각해왔다. 그런데 우리는 매일같이 자기가 세상의 중심축이라고 믿는 어리석은 자들을 마주한다. 아! 참으로 안타깝게도 우리는 모두 자신을 우주의 중심이라고 생각한다. 인간이라면 누구나 공통으로 품고 있는 환상이다. 거리의 청소부도 예외는 아니다. 그 또한 자기 주위로 하늘길이 원을 그리고, 천상과 지상 정 가운데가 자기 자리라고 믿는다. 명상을 많이 한 사람은 이런 착오에서 조금은 벗어날 수 있을지도 모른다. 배운 이들에게도 찾아보

---

44 안토니오 성인의 고행과 유혹에 관한 이야기는 특히 19세기 유럽에서 아주 많이 회자한 주제였다. 이 내용을 담은 플로베르의 책도 앞서 언급한 바 있다.

기 힘든 겸손이라는 덕목은 무지한 자들에게 더욱 찾아보기 힘들다.

◆ ◆ ◆

세상에 대한 철학 이론이 세상을 닮은 정도는 경도와 위도만 겨우 표시한 구球가 지구를 본떴다고 하는 수준에 불과하다. 형이상학이 경이로운 이유는 세상의 모든 것을 빼앗으면서도 세상이 가진 적 없는 모든 것을 세상에 부여하기 때문이다. 놀라운 일이고, 체커나 체스와도 비교할 수 없을 만큼 아름답고 대단한 놀이임이 틀림없지만, 이런저런 요소들을 고려할 때 형이상학이나 그런 게임들은 근본적으로 같은 성질을 지닌 것으로 보아야 한다. 생각 속의 세상은 흥미롭게 배열해 보기 좋은 기하학적인 선들의 집합에 불과하다. 근본적으로 칸트나 헤겔의 철학 체계는 삶의 무료함을 카드 게임으로 잊어보려는 여성들의 시도와 다를 바 없다.

◆ ◆ ◆

자문해본다. 드물지만 가장 아름다운 순간에 자연이 형태와 색채로서 우리를 매혹하듯, 이 책을 읽으며 언어에서 빌려온 작은 기호들을 통해 독자가 매혹되는 일이 가능한지. 글자 기호들은 우리 내면에 잠재된 신성한 이미지들을 일깨운다. 그것이 바로 기적이다! 아름다운 시는 소리 섬유를 타고 흐르는 소리와 같다. 시인은 우리 내면에 그의 생각이 아니라 우리의 생각을 노래하게 한다. 시인이 사랑한 한 여인에 대해 노래할 때 우리 영혼에 감미롭게 일깨워지는 것은 우리의 지나간 사랑과 아픔이다. 시인은 각성자다. 이 점을 이해하면 우리 또한 그와 같은 시인이라 할 수 있다. 우리는 모두 내면에 아무도 모르는 시인의 본보기 하나를 품고 있다. 더는 어떤 감정도 느끼지 못하게 되면 우리 내면의 시인은 여러 이본variantes, 異本과 함께 모두 영원히 스러지리라. 우리가 아닌 다른 주제로 쓴 시를 과연 우리가 똑같이 즐기리라 생각하는가? 얼마나 즐거운 오해인가! 우리 중 가장 훌륭한 사람도 결국 이기적이다. 그들도 자기만 생각한다. 그들 또한 시에 자기 자신만을 반영하며, 그 시를 읽는 우리 또한 거기에서 자신의 모습만 본다. 시인들은 우리가 사랑할 수 있게 돕는다. 시인이 하는 일은 그뿐이다. 그렇다 해도 그 자신의 달콤한 허영이 참으로 훌륭하게 쓰이는 것 아닌가? 그들의 시구詩句는 여성들과 같아서, 시구를 칭송하는 일만큼 헛된 일도 없다. 가장 사랑받는 대상은 결국 가장 아름다운 시요, 가장 아름다운 여인이지 않은가. 내가 선택한 여인에게는 비교 대상이 없노라고 세상에 고백하는 것은 방랑 기사에게나 어울리지 현자가 할 일은 아니다.

❖　❖　❖

　신학자들의 말처럼 인생이 시련이고 시험인지 나는 잘 모른다. 어쨌든 그게 맞는다고 해도 우리가 자진해서 겪는 시련이 아님은 분명하다. 그 조건은 충분히 명확하지도 않고 모두에게 공평하지도 않다. 세상에 태어나자마자 숨을 거두는 아기들에게, 멍청한 인간들과 미치광이들에게 인생이라는 시련은 대체 무엇인가? 옛사람들은 이런 의문에 답해 왔다. 그리고 사람들은 여전히 거기에 답을 하려 든다. 이렇게 질문에 대한 답변이 계속되는 것은 지금까지 우리 인간의 답이 그렇게 잘 들어맞지는 않았다는 뜻이리라. 인생은 시험장 같아 보이지 않는다. 인생은 오히려 거대한 도자기 굽는 터와 같다. 거기에서는 알 수 없는 곳으로 향할 운명을 띠고 온갖 종류의 그릇이 만들어진다. 그중 여럿은 이미 틀에서부터 망가져 단 한 번도 쓰이지 못한 채 산산이 조각나 하찮게 버려진다. 또 어떤 그릇은 말도 안 되는 곳에, 혹은 역겨운 용도로 쓰이게 될 운명이다. 그런 도자기들이 바로 우리네 모습이다.

❖　❖　❖

피에르 베베르[45]에게

가롯 유다의 운명은 가늠할 수 없을 만큼 놀랍다. 이 사람이야 말로 옛 예언을 실현하기 위해 세상에 온 자이기 때문이다. 은전 30개를 받고 하나님의 아들을 팔아넘긴 가롯 유다는 꼭 필요한 존재였다. 이 배신자의 입맞춤은 예수의 허리를 꿰뚫은 창과 못들처럼 예수의 고난에 필수 불가결한 도구 중 하나였다. 유다가 없었다면 예수의 신비는 완성되지 않았을 테고, 인류의 구원도 이루어질 수 없었을 것이다. 그런데도 신학자들은 항상 "차라리 태어나지 아니했더라면 그에게 좋을 뻔했느니라"[46]라는 그리스도의 말을 근거로 가롯 유다가 최종 구원에 이르지 못했다는 해석을 견지해왔다. 하지만 온 인류의 구원을 위해 자신의 영혼을 팔아버린 셈이 된 가롯 유다의 이야기는 오랜 세월 동안 많은 신비주의 그리스도인들을 괴롭혔다. 특히, 파리의 노트르담 대성당의 첫 보좌 신부였던 외게르 사제abbé Œgger가 그런 사람 중 하나다. 자비심으로 가득한 이 신부는 가롯 유다가 지옥에서 영원한 고통에 시달린다는 생각을 도무지 참을 수 없었다. 그 생각에 빠져든 외게르 신부의 번뇌는 끝없이 명상을 이어가

45 Pierre Veber, 1869~1942. 프랑스 소설가이자 극작가다.
46 성경에 나오는 구절로 마태복음 24장 24절 후반의 내용이다.

며 점점 커졌다. 결국 그는 불행한 유다의 영혼 구원이 자비로운 하나님의 관심사라고 생각하기 시작했다. 그래서 복음서에 불분명하게 언급된 내용이나 교회의 전통적인 해석과 달리 가룻 유다는 구원받았어야 마땅하다는 믿음이 생겼다. 교리와 다른 의심이 깊어지자 견디기 어려워진 그는 명확한 답을 얻고 싶어 했다. 잠 못 들던 어느 날 밤 외게르 신부는 자리에서 일어나 아무도 없는 성당의 제의실을 찾았다. 계속해서 밝혀둔 등불이 깊은 어둠 속에 불타고 있었다. 그는 그곳 주제단主祭壇 앞에 무릎을 꿇고 이렇게 기도했다.

"나의 하나님, 자비와 사랑의 하나님, 만약 당신의 가장 불행한 사도를 당신의 영광중으로 맞이해주었다면, 제가 소망하고 또 믿고 싶어 하는 대로 가룻 유다가 실제로 당신의 오른편에 앉아 있다면, 그가 내게로 내려와 당신이 베푼 궁극의 자비를 스스로 드러내게 하십시오."

"그리고 18세기 동안이나 저주받은 자, 하지만 내가 존경하는 그대 가룻 유다여, 우리에게 천국을 선사하기 위해 당신은 홀로 지옥을 감내했소. 배신자들과 비열한 자들의 희생양이었던 유다여, 내가 자비와 사랑의 성직을 수행할 수 있도록 그대의 손을 내게 얹어주시오!"

기도를 마치자 외게르 신부는 사제 서품을 받을 때 주교가 하듯 무릎을 꿇고 있던 자신의 머리 위로 누군가의 두 손이 얹어지는 느낌을 받았다고 한다. 다음 날 외게르 신부는 추기경에게 "제가 바로 유다의 명령을 받든 자비의 사제입니다"라고 하며 자신이 부름을 받았노라고 알렸다.

그날부터 외게르 신부는 여기저기를 다니며 다시 구제받은 유다의 이름으로 끝없는 자비의 복음을 설교하기 시작했다. 하지만 그의 포교 활동은 비참함과 광기로 치달았다. 외게르 신부는 이후 스베덴보리[47] 신학의 추종자가 되었고, 마지막에는 뮌헨에서 숨졌다. 그는 카인과 유다 숭배자 중 마지막으로 가장 온화한 인물이었다.

◆　◆　◆

사격과 기마 사냥에 뛰어난, 대단한 사냥꾼인 아리스티드 씨는 어느 날 창문 아래 장미 덤불에서 부화한 한 배에서 태어난 방울새들을 구해주었다. 고양이 한 마리가 장미 덤불을 타고 올라오던 참이었다. 행동할 때 궁극의 목적에 대해 믿음을 가지는 것은 바람직하다. 그리고 고양이는 생쥐를 잡기 위해 존재하

47　18세기 스웨덴의 신학자 에마누엘 스베덴보리(Emmanuel Swedenborg, 1688~1772)를 말한다. 신학자이자 태양계의 형성에 대한 이론을 연구한 과학자이기도 하며 신비주의 영적 경험을 35권의 신학 서적으로 남겼다.

는 동물이며 이 경우 고양이가 옆구리에 탄환을 맞을 만하다는 그의 판단도 옳았다. 아리스티드 씨는 권총을 들어 고양이를 향해 발사했다. 우선 방울새 새끼들은 구했고, 그들의 적 고양이가 벌을 받았으니 다행이다. 하지만 고양이를 쫓기 위해 발사한 권총 한 발은 우리 인간이 하는 모든 행동과 일맥상통한다. 너무 가까운 곳에서 바라보면 정의가 무엇인지 눈에 들어오지 않는다. 한번 잘 생각해보자. 아리스티드 씨가 사냥꾼인 만큼 고양이도 사냥 본능을 지닌 동물이다. 그러니 고양이 또한 궁극의 목적에 대해 생각했을 테고, 이 경우 방울새 새끼들이 자기 먹이가 되기 위해 태어난 존재라고 믿어 의심치 않았을 것이다. 바로 그런 믿음이 자연스러운 환상이다. 권총이 발사되는 찰나에 고양이는 장미 덩굴에서 짹짹거리는 작은 새들이 존재하는 궁극의 원인에 대해 자신이 틀렸음을 깨달았을 것이다. 나 자신이 우주의 궁극적인 목적이라고 믿지 않는 이가, 그런 생각에 따라 행동하지 않는 이가 어디 있는가? 이것은 우리 모두의 삶의 기본 조건이다. 우리는 모두 세상이 나로서 종결된다고 믿는다. 여기에서 '우리'는 동물들도 포함해서다. 자신이야말로 자연이 목표로 하는 궁극의 목적이라고 믿지 않는 동물은 절대 없다. 아리스티드 씨의 권총이 고양이를 일깨웠듯이 우리의 이웃도 조만간 우리의 그릇된 생각을 일깨우리라. 그 이웃이 그저 개나 말, 혹은 미생물이나 모래알 하나라 할지라도 말이다.

◆ ◆ ◆

새로운 것만으로 가치 있거나 특정 예술의 취향에서 볼 때만 가치 있는 것들은 금세 의미를 잃는다. 예술계에서 유행은 다른 분야의 유행과 비슷하게 지나간다. 위대한 디자이너들이 만들어내는 드레스처럼 새로워지고 싶어 하는, 유행 같은 문장들도 있다. 그런 글은 한 철만 지나면 끝이다. 예술이 몰락하던 시절 로마 제국에서는 황비의 조각상에 최신 유행의 머리 모양을 새겼다. 그 머리 모양은 우스운 꼴로 전락하곤 했다. 유행이 곧 지나다 보니 다른 머리 모양을 해주어야 했는데, 대리석으로 가발을 조각해 조각상의 머리에 덧씌웠다. 그 조각상들과 같은 수준의 예술 양식이라면 매년 머리 모양을 바꾸듯 변하는 편이 낫다. 모든 것이 빠르게 움직이는 시절에는 문학의 유파 또한 몇 년밖에 지속하지 않는다. 심지어 가끔은 몇 달로 끝날 때도 있다. 내가 아는 청년 작가 중에는 2~3세대 전의 양식을 고수하는 이가 있는데, 이미 고리타분하게 느껴진다. 아마도 온 사회를 놀라게 한 산업과 기계의 발전이라는 산업혁명의 놀라운 성과 때문일 것이다. 공쿠르 형제[48]가 살았고, 철도가 놓이던 시대

---

48 19세기에 문학과 예술 비평가로 활동한 에드몽Edmond과 쥘 드 공쿠르Jules de Goncourt 형제를 말한다. 프랑스 최고 권위를 자랑하는 문학상으로 발전

에는 예술적 문체[49]가 얼마 동안은 살아남을 수 있었다. 하지만 전화의 발명 이후 문학은 풍속에 의존하기에는 절망적일 정도로 빠르게 표현 방식에서 혁신을 거듭하고 있다. 그렇기에 뤼도빅 알레비[50]씨의 생각처럼, 단순한 양식이야말로 격동의 시기를 평화롭게 지나갈 유일한 형태라고 보아야 맞다. 몇 세기라고 하면 과대평가일 테고, 적어도 몇 년 정도의 시간은 말이다.

유일하게 난감한 점은 단순한 양식이 대체 무엇인가 정의를 내리는 것이다. 이야말로 까다로운 작업이라는 데 모두가 동의하리라.

적어도 우리가 알 수 있는 자연, 사람이 살아가는 데 적합한 환경 속에서 맞닥뜨리는 자연에는 단순함이 전혀 없다. 그러니 예술이 자연보다 더한 단순함을 추구한다는 말은 어불성설이다. 하지만 어떤 양식은 단순하고 어떤 양식은 단순하지 않다고 판단하는 데에는 충분히 어느 정도의 공감대가 이루어졌다고 본다.

———

한 공쿠르상은 이들의 이름을 딴 것이다.
49 여기에서 예술적 문체écriture artiste는 보통 "예술의"라는 의미의 형용사 artistique가 아니라 artiste를 사용했다. 19세기 후반 문학과 비평계의 분위기를 배경으로 에드몽드 공쿠르가 1879년에 처음 사용한 표현이다. 극도로 공들인 정련된 문체를 의미한다.
50 Ludovic Halévy, 1834~1908. 프랑스 극작가이자 조르주 비제와 협력한 오페라 작사가로 유명하다.

이렇게 말할 수 있다. 엄밀히 말해, 단순한 양식은 없어도 단순해 보이는 양식은 존재한다. '단순해 보이는' 양식이야말로 젊은 기운과 지속성이 보장된 듯하다. 그 운 좋은 겉모습이 어디에서 기인하는지 알아내는 일이 우리에게 남은 숙제다. 여러 측면에서 다른 양식들보다 풍성하지 않기 때문에 단순한 것이 아니라, 여러 구성 요소가 서로 너무 잘 어우러져 함께 하나의 앙상블을 이루기 때문에 단순해 보인다고 할 수 있다. 좋은 예술 양식은 결국 내가 글을 쓰는 이 순간에도 창으로 쏟아져 들어오는 저 햇살과 같다. 햇살의 순수한 명료함은 빛을 이루는 일곱 가지 색이 내밀하게 합체되었기 때문에 가능하다. 단순한 양식은 백색의 명료성에 비유할 수 있다. 사실은 복잡한데 그래 보이지 않는다. 그것은 이미지일 뿐이다. 시인이 그 이미지들을 조합해내지 않으면 이미지들 자체로는 크게 가치가 없음을 우리는 잘 안다. 하지만 내가 말하고자 하는 바는 이렇다. 언어에서 아름답고 바람직한 단순성은 그저 외관일 뿐이고, 오직 담화를 구성하는 부분들이 적절한 질서와 지극한 경제성을 유지해야만 그런 단순성이 성취된다는 사실이다.

◆　◆　◆

시간과 공간에 별개로 존재하는 아름다움은 생각조차 할 수 없으므로, 나는 삶과 연관 있다고 생각되어야만 기꺼이 문학 작품을 받아들인다. 삶과의 이음새야말로 내가 끌리는 부분이다. 나는 히살리크 언덕[51]에서 발견한 천박한 도자기들을 통해 『일리아드』를 더욱 사랑하게 되었고, 18세기 피렌체의 삶에 대한 지식을 통해 단테의 『신곡』을 좀 더 잘 이해하게 되었다. 내가 예술가에게서 찾고자 하는 바는 인간이다. 오직 그 안에서 발견하는 인간뿐이다. 가장 아름다운 시란 유물이 아니고 무엇인가? 괴테가 했던 심오한 말이 기억난다. "오랫동안 전해지는 작품들은 오직 그 당시 상황이 빚어낸 작품들뿐이다." 그런데, 이런저런 조건을 다 고려할 때, 결국 모든 예술 작품은 그 시기 상황이 만들어낸다고 볼 수 있다. 어떤 작품이든 그 작품이 만들어지는 장소와 시대에 달렸기 때문이다. 작품이 기원한 장소와 시대와 상황을 알지 못하고서는 지적인 애정으로 작품을 이해하거나 사랑하는 일은 있을 수 없다. 그 자체로 충분히 독립된 작품을 창조했다고 믿는 것은 교만이고 멍청한 생각에 불과하다. 가장 위대한 예술 작품이 가지는 가치는 오직 작품이 삶과 맺고 있는 관계에서 나온다. 그렇기에 관계를 더 잘 이해할수록 나는 작품에 더욱 흥미를 느낀다.

---

51 고대 트로이의 유적이 있는 언덕의 이름이다.

◆　◆　◆

우리가 무엇이든 말할 줄 알게 되면, 모든 것을 말할 수 있으며 또 그렇게 해야만 한다. 철저하게 진정성을 담은 고백을 듣는 것은 너무도 중요하다! 이 땅에 인류가 존재한 이후 온전히 진심을 담아 고백한 이는 없다. 누구도 마음속 전부를 내놓지 않았다. 심지어 열렬한 성인 아우구스티누스도 자신의 영혼 밑바닥까지 드러내기보다 마니교도들을 무력화하는 데 힘을 쏟았고,[52] 가엾고 위대한 루소는 광적으로 치달아 자기 자신마저 비방하기에 이르렀다.[53]

◆　◆　◆

감각을 지닌 존재들은 볕과 공기의 비밀스러운 작용이나 모든 자연에서 비롯되는 수천 가지 고통을 감내하는 수밖에 없다. 감각적인 존재라면 형태와 색채 속에서 기쁨을 찾게 되어 있다.

———

52 아우구스티누스는 마니교도였다가 기독교로 개종했다.
53 18세기 계몽주의 철학자 장 자크 루소와 아우구스티누스는 둘 다 고백록으로 유명한 인물들이다.

◆　◆　◆

불관용不寬容은 어느 시대에나 있었다. 광신도가 없는 종교는 있을 수 없다. 우리 인간은 모두 어떤 대상을 숭배하는 성향이 있다. 우리가 좋아하는 대상은 모든 면에서 탁월해 보이기 마련이고, 우리가 섬기는 우상의 단점을 누군가가 지적하면 화를 내기 마련이다. 자기 믿음의 근거나 신앙의 기원에 일말의 비판을 가미하기란 매우 어렵다. 사실 엄밀하게 원론을 적용하면, 믿는 행위 자체를 해서는 안 된다.

◆　◆　◆

요즘, 세상이 문명의 막바지에 접어들었고, 우리 시대가 지나면 종말이 온다고 믿는 사람들이 많다. 초창기 기독교 시대 성인들처럼 이들은 지복천년설을 신봉하는 자들이다. 다만 다른 부분이 있다면 요즘 유행하는 대로 합리적인 지복천년설 신봉자라는 점이다. 우리 시대가 끝나면 세상이 종말을 맞을 것이라는 믿음이 어떤 위안이 되는지도 모른다.

내 생각에 인류는 전혀 종말의 기미를 보이지 않는다. 세기말의 타락에 대한 얘기를 수없이 들었지만 도무지 믿을 수 없다. 게다가 우리가 문명의 최고점에 도달했다는 의견도 믿기 어렵다. 인류의 발전은 매우 더디게 진행된다. 잘 따져보면 한 세기가 지날 때마다 일어나는 인간 풍습의 변화는 사람들이 보통 생각하는 것보다 훨씬 미미하다. 그저 변하는 부분들에 우리가 유난히 놀랄 뿐이다. 조상 세대와 공유하는 수 없이 많은 공통점에 관해서는 크게 신경 쓰지 않고 지나간다. 이 세계는 느리게 움직인다. 인간에게는 모방 능력이라는 천재성이 있다. 진정 새로이 발명하는 것은 거의 없다는 뜻이다. 물리학의 중력 법칙뿐 아니라 심리학적인 중력의 법칙도 작용하기에 우리는 이 오래된 땅에 발을 붙이고 살아간다. 자기만의 방식으로 철학자이기도 했고 터키에서 유래한 지혜를 겸비했던 테오필 고티에[54]는 인류가 제8의 대죄를 생각해내지도 못한 사실을 조금은 애달프게 생각했다.[55] 오늘 아침에도 길을 걷다 테베와 니네베의 노예들과 마찬가지로 돌을 들어 올리며 집을 짓는 석공들을 보았다. 하객 행렬을 이끌고 교회에서 나와 선술집으로 향하는 신랑·신부도 보았다. 이들은 수백 년 이어온 의식을 행하는 데 아무런

---

54 Théophile Gautier, 1811~1872. 낭만주의를 대표하는 프랑스의 시인, 작가, 언론인이자 문학과 예술 평론가였다. 1853년에 펴낸 콘스탄티노플 여행기에 대한 언급이다.

55 가톨릭교회에서 말하는 칠죄종七罪宗에 빗댄 표현이다. 고티에는 인간이 대죄의 가짓수를 일곱 개밖에 상상해내지 못했다고 비꼰 바 있다.

애수의 감정도 보이지 않는다. 자신의 시가 영원불멸하리라 믿으며 나에게 자기 작품을 낭송해준 서정 시인도 있었다. 그러는 동안에도 철모를 쓴 기병들이 길을 지나갔다. 그 철모는 고대 로마의 병사, 고대 그리스의 중무장한 보병이 쓰던 철모이기도 하고, 호메로스가 노래한 용사들이 쓴 밝은 청동빛 철모이기도 하다. 그들은 적에게 무섭게 보이도록 철모에 움직이는 갈기를 달았고, 유모의 품에 안긴 아기 아스티아낙스에게 공포감을 안겨주었다. [56] 그때 지나간 기병들은 프랑스 공화국의 근위병들이었다. 이들을 바라보면서 파리의 제빵사들도 아브라함이나 구데아[57]가 살던 시대와 똑같이 오븐에서 빵을 굽는다는 생각이 들자 나는 "하늘 아래 새것이 있을 리 없다"라는 성경의 한 구절을 중얼거렸다. [58] 나는 유스티니아누스 1세[59]가 존엄한 법전으로 집대성할 당시에도 이미 오래된 민법을 우리가 지금도 따른다

---

56 그리스 신화에 따르면 아스티아낙스는 트로이 왕자 헬토르와 앙드로마크의 아들로, 트로이가 함락될 때 그리스군에 의해 살해되었다고 한다. 생존설도 존재하는데, 아나톨 프랑스가 본문에서 언급한 장 라신의 희극 『앙드로마크』는 아스티아낙스 생존설을 바탕으로 한 작품이다.

57 기원전 22세기 메소포타미아의 라가시를 다스린 지배자의 이름이다.

58 성경의 전도서 1장 9절 후반에 기록된 내용.

59 6세기 로마 제국의 황제로 영토 확장, 제도 개혁, 로마법의 집대성, 하기아 소피아 건축 등의 업적을 이룬 가장 위대한 황제 중 한 명으로 추앙받는다.

는 사실에 더는 놀라지 않는다.

◆　◆　◆

사람의 생각에서 무엇보다 매력적인 요소는 바로 걱정이다. 걱정 근심이 전혀 없는 사람을 보면 짜증이 나거나 지겨워진다.

◆　◆　◆

우리는 우리와 생각이 다른 이를 위험하다고 하고, 우리와 다른 윤리를 가진 이들을 부도덕하다고 한다. 우리 자신의 헛된 생각을 공유하지 않는 이들을 회의주의자라고 부른다. 그들 나름대로 착각에 빠져 사는지에 대해서는 아예 생각하지도 않은 채 말이다.

◆　◆　◆

오귀스트 콩트는 오늘날 데카르트와 라이프니츠의 반열에 들어섰다. 여러 학문 사이의 관계와 그들 간의 종속 관계를 다룬 그의 철학 이론이라든지 역사적인 사실의 더미로부터 사회학을 실증적으로 구성해낸 성과는 이제 인류 지성사에서 가장 소중한 자산 중 하나로 인정받는다. 하지만 이 위대한 인물이 사회를 새롭게 조직하고자 말년에 가졌던 계획은 실증주의 교회의 영역 밖에서는 전혀 지지자를 찾지 못했다. 바로 그의 업적 중에서 종교적 성격을 띤 영역이다. 오귀스트 콩트는 순결한 신비주의적 사랑의 영향으로 실증주의 교회를 고안해냈다. 그에게 이런 영감을 준 사람은 클로티드 드 보[60]라는 여성이었다. 그녀는 콩트와의 첫 만남이 있고 1년 만에 세상을 떠났는데, 그 후 콩트는 이 젊은 여성을 추모하며 여생을 보냈다. 그러니 오귀스트 콩트의 인류 종교는 사랑에 의한 영감으로 구상되었다고 볼 수 있다. 하지만 그 종교는 우울하고 포학하다. 그 안에서는 삶과 생각에 의한 모든 행동이 아주 단단히 규제되어 있다. 이 종교는 존재에 기하학적인 형태를 부여하고 인간의 정신이 품을 수 있는 모든 호기심을 엄격히 억압한다. 이 종교는 오직 유용한 것으로 판단된 지식만을 용인하며 지성을 감정에 완전히 종속시킨다. 짚고 넘어갈 필요가 있는 문제다! 그의 종교론 자체가 과학에 기반을 두었기 때문에 콩트는 과학의 정립이 확실히 완료된 작업이라고 가정한다. 추후의 연구를 장려하기는커녕 오히려 만류하고 오직 인류의 이익을 위해 이루어지는 연구

---

60 Clotide de Vaux, 1815~1846. 남동생의 교수였던 오귀스트 콩트와 약 1년간 서신 교환을 하며 인류 종교라는 그의 이론에 영감을 주었다.

조차 비난하기에 이른다. 이 사실 하나만으로도 나는 심한 거부감을 느낀다. 흰 옷차림의 새 신도의 모습을 하고 무슈르프랑스 거리에 위치한 오귀스트 콩트의 인류 종교 신전 문을 두드릴 일 따위는 없으리라 확신한다. 변덕과 호기심을 금지하다니 이 얼마나 잔인한 일인가! 내가 비판하는 부분은 실증주의자들이 사물의 본질과 기원, 목적에 대한 연구를 모조리 금지하려 한다는 점이 아니다. 나는 어차피 모든 원인의 원인이나 모든 목적의 목적을 결코 인간이 알지 못한다고 생각하고 있었다. 이미 오래전부터 나는 형이상학의 개론들을 진리를 담은 책이라기보다 어떤 소설보다 재미있는 이야기책이라고 생각하며 읽었다. 하지만 실증주의가 씁쓸하고 안타까운 이유는 유용하지 않은 학문이라고 해서 너무 단호하게 금지하는 데 있다. 그런 학문이야말로 가장 애정을 쏟을 만한데 말이다. 유용하지 않다고 불리는 학문 없이 사는 것이 과연 진정한 삶인가? 실증주의는 우리가 현상들을 자유롭게 탐색하거나 오직 헛된 외견에 도취하도록 내버려 두지 않는다. 실증주의는 천체의 광대한 영역을 탐험하는 달콤한 광기를 비난한다. 오귀스트 콩트는 20년이나 천문학을 가르쳤지만 그 학문의 영역에 제한을 두고자 했다. 오직 우리 태양계에서 눈에 보이는 행성들을 탐구하도록 말이다. 거기까지의 천체만 대주물 Grand-Fétiche, 大呪物 에 영향을 준다고 믿었기 때문이다. 대주물은 오귀스트 콩트가 지구에 붙인 그만의 이름이다. 하지만 시간 단위로 삶의 모든 행동이 규제되고, 예를 들어 이중성étoile double, 二重星을 꿈꾸는 등의 쓸데없는 일이 무조건 금지된다면 우리 중 일부는 지구에서의 삶을 아예 견디지 못할 것이다.

◆　◆　◆

바그너 박사의 증류기에서 튀어나온 축소 인간은 첫 마디로 "살아 있기에 행동해야 한다"라고 말했다.[61] 사실 산다는 것은 행동하는 것이다. 불행하게도 사색하는 정신은 인간을 행동력이 결여된 존재로 만들어버린다. 모든 것을 이해하려는 이들은 제국을 이룰 수 없다. 바로 다음 목표 너머를 보려는 것은 나약함에서 비롯된다. 탈선하지 않고 길을 걷기 위해 눈가리개가 필요한 것은 말이나 노새만이 아니다. 철학자들은 길을 가다 멈춰서고, 산책을 나섰다가 도중에 산책로를 변경하기도 한다. 버터를 그릇에 담아 들고 길을 나섰지만 숲속 오솔길에 개암 열매가 열렸는지 확인하려고 가던 길을 벗어난 빨간 모자 이야기는 정치인들에게 대단히 의미 있는 교훈을 담고 있다.

―――

61 괴테의 『파우스트』에 나오는 내용이다. 파우스트의 조수 바그너가, 인간의 형태지만 매우 작은 호문쿨루스를 만들어 낸 장면에 나오는 문장을 인용했다.

◆　◆　◆

　인간의 삶에 대해 생각을 거듭할수록, 이집트인들이 죽음의 순간에 이시스와 네프티스[62] 여신을 부르던 풍습처럼 모순과 자비의 신을 증인이자 심판관으로 두어야 한다는 나의 확신이 더욱 확고해진다. 모순과 자비는 훌륭한 자문 역할을 한다. 모순은 상냥하게 미소 짓는 삶을 가능케 한다. 울고 있는 자비는 우리의 삶을 경건하게 만든다. 내가 기원을 드리는 모순이라는 신은 잔인한 존재가 아니다. 모순은 사랑도 아름다움도 비웃지 않는다. 온화하고 너그럽다. 그의 웃음은 화를 잠재운다. 모순을 통해 우리는 또한 악당과 멍청이를 미워하는 나약한 모습을 보이는 대신 그들을 그저 웃어넘기라는 교훈을 얻는다.

◆　◆　◆

　이 남자는 항상 대중을 몰고 다닐 것이다. 그는 마치 우주의 존재를 확신하듯 본인에 대해 자신만만하다. 대중은 그 점을 사

62　이시스는 이집트 신화에서 가장 중요한 여신으로 모성과 생산의 신이다. 이시스와 자매 사이라고도 하는 또 한 명의 여신 네프티스는 죽음과 비탄의 신이다.

랑한다. 대중은 증거가 아니라 확신에 찬 발언을 요구한다. 증거는 대중을 불편하게 하고 난처하게 할 뿐이다. 대중은 단순하며, 또 단순한 것만을 이해한다. 그들에게는 '어떻게'를 설명해서도 안 되고 '무슨 방법'인지를 설명해서도 안 되며 오직 예와 아니오로만 답해야 한다.

◆　◆　◆

죽은 자들은 너무 쉽게 화해의 대상이 된다. 비록 생전에 적대 관계에 있었다 하더라도 뭔가 위대한 도덕이나 사회의 업적을 위해 함께 협력한 장본인들을 영광과 사랑이 뒤엉킨 사람들로 묘사하는 것은 훌륭한 직관이라 할 만하다. 그들이 모인 자리에 대한 전설이 사후에 전해지고, 그 이야기는 모든 이들을 만족시키니 말이다. 이런 전설에는 모두의 동의를 끌어내는 놀라운 힘이 있다.

하지만 프랑스 혁명의 주인공들에 대해서는 여전히 대화합이라는 전설이 만들어지기 어려워 보인다.

◆　◆　◆

책을 즐기는 취미는 진정 칭송받아 마땅하다. 사람들은 흔히 애서가[63]들을 놀리곤 한다. 책을 좋아하는 이들은 놀림을 당하기 쉬운 사람들인지도 모른다. 이는 사랑에 빠진 사람과 같은 특성이다. 우리는 오히려 애서가들을 부러워해야 한다. 그들의 취미로 인해 그들의 삶은 길고도 평화로운 쾌락의 길로 들어섰기 때문이다. 소장한 책을 읽지도 않는다고 애서가에게 지적하면 사람들은 그가 당황할 것으로 생각한다. 하지만 어느 애서가가 아무 거리낌 없이 "그럼, 당신은 가지고 있는 골동품 도자기에다 밥을 먹습니까?"라고 받아친 적이 있다. 책들을 장롱에 쌓아두는 것보다 정직한 행동이 있을까? 사실 이 이야기는 아이들이 바닷가에서 모래를 잔뜩 쌓아놓고 노는 모습을 연상시킨다. 아이들은 헛된 일을 하고 있지 않은가. 열심히 쌓은 모래더미는 얼마 못 가 다 무너진다. 수집가의 장서와 그림도 마찬가지가 아닐까. 오직 탓할 대상은 존재의 성쇠와 짧은 인생뿐이다. 바다가 모래성을 쓸어가듯 경매인은 수집한 작품들을 흩어버린다. 하지만 인간은 여전히 열 살 때 모래성을 쌓고, 예순이 되면 책을 수집해 쌓아둔다. 결국 우리가 쌓아 올리는 그 무엇도 남지 않을 테니, 고서에 대한 사랑이 다른 어떤 대상에 대한 애착보다 헛되다고 말할 수는 없다.

---

63 프랑스어로 bibliophile이라는 단어를 사용했다. 애서가 혹은 장서가라고 하며 꼭 독서를 많이 하는 사람을 일컫는 것은 아니며 책을 수집하는 취미를

＊ ＊ ＊

　학자들을 자주 마주하다 보면, 이들이야말로 가장 호기심이 없는 사람들임을 깨닫는다. 몇 년 전 이름을 밝힐 수 없는 유럽의 어느 대도시를 방문했을 때, 그 도시의 자연사 박물관에 들렀다. 한 학예사가 대단히 자신만만한 태도로 화석에 관해 설명해주었다. 선신세[64] 부분까지 관람하는 동안 그는 많은 정보를 알려주었다. 그러다 인류가 출현한 시기에 도착해서 사람의 첫 흔적을 다루는 관람실에 이르자 그가 고개를 돌리고는 질문을 받을 때마다 자기 담당이 아니라고 답했다. 그 순간 내가 눈치 없이 행동했음을 깨달았다. 학자에게 전문 영역이 아닌, 우주의 다른 신비에 관해 물어봐서는 안 된다. 그들은 자기 영역 말고는 전혀 관심이 없다.

＊ ＊ ＊

　시간은, 흘러감에 따라 우리가 지닌 가장 강렬하거나 가장 다정한 감정에 생채기를 내고 시들게 한다. 누군가를 동경하는 감

　가진 이들을 뜻하기도 한다.

64　鮮新世, Pliocène. 지질학에서 제3기 상층이라고도 한다.

정에 자연스러운 양분이 되는 놀라움과 경이라는 요소는 시간이 흐름에 따라 사라지고 그렇게 해서 그 감정은 약해진다. 시간은 사랑과 사랑으로 인해 저지르는 바보짓을 소멸시키고 믿음과 소망을 뒤흔들며 모든 순수함이 지닌 아름다움을 잃게 한다. 적어도 시간이 최소한의 자비를 베풀어주기를, 무덤 속과 다를 바 없는 노쇠한 상태로 우리를 내버려 두지 않기를 바랄 뿐이다.

우리는 오직 자비심을 통해 진정한 인간으로 남는다. 옛 전설에 나오는 불경한 위인들처럼 변하지 말자. 약자들에게 자비심을 가지자. 왜냐하면 그들은 핍박을 견디고 있기 때문이다. 그리고 지금 속세에서 행복한 이들에게도 자비심을 가지자. "웃는 자에게 불행이 있으리라"라는 말이 있으니.[65] 아파하는 자들과는 함께 아파하는 태도를 가지자. 마리아가 기독교도들에게 말한 것처럼, 주위의 불행한 이들에게 우리도 입술로 또 마음으로 "나도 그대와 함께 울리라"라고 할 수 있는 사람이 되자.[66]

---

65 원문의 이 글은 성경의 정확한 인용은 아니지만 새로 번역한 누가복음 6장 25절 "지금 웃는 사람들은 화가 있다. 너희가 슬퍼하며 울 것이기 때문이다"에 해당한다.
66 아들 예수가 십자가에 못 박힌 현장에서 성모마리아의 애통함을 묘사한 중세의 찬송 시「슬픔의 성모Stabat Mater」에서 유래한 구절이다.

결코 경험하지 못했을 '이상ideal'을 표현했다며, 옛 예술가들을 질책하는 일을 너무 꺼리지는 말자. 어차피 우리가 옛 작품을 동경할 때는 항상 일종의 착각을 덧입힌다. 명작을 이해한다는 것은 한마디로 그 작품을 스스로 재창조하는 것과 같다. 동일 작품도 이를 바라보는 영혼에 따라 다양한 모습으로 투영되기 마련이다. 인류의 각 세대는 오래된 명장의 작품들 앞에서 항상 새로운 감정을 추구했다. 가장 뛰어난 관람자는, 몇 가지 운 좋은 오해의 대가로 작품에서 가장 순수하고 가장 강렬한 감정을 찾아내는 사람이다. 그렇기에 인류는, 적어도 일부는, 불분명하고 다양한 해석이 가능한 시와 예술품에 가장 열정적으로 집착하지 않았는가.

◆ ◆ ◆

사람들은 세상에 큰 변화의 물결이 있으리라 말해왔고, 기다려 왔으며, 또한 이미 목격하고 있다. 하지만 이는 영원히 계속되는 예언자들의 실수다. 불안정성이야말로 인간의 삶에서 일차적인 조건이다. 살아 있는 것은 쉼 없이 변한다. 하지만 그 변화를 알아차리기란 거의 불가능하다.

좋든 나쁘든 모든 발전은 느리게 진행하고 규칙적이다. 즉각적이거나 갑작스러운 거대한 변화는 있었던 적도 없고 앞으로도 없다고 보아야 한다. 경제의 모든 변화는 자비롭게도 천천히 자연스러운 힘이 작용하면서 이루어진다. 우리가 좋다고 느끼든 나쁘다고 느끼든 세상은 항상 그래야만 하는 모습으로 존재했다.

우리의 사회상은 이전 사회상의 반영이며 앞으로 올 사회상의 원인이 된다. 이전 사회상에서 가져온 바가 있고, 우리의 사회상은 후대에 반영될 것이 분명하다. 이 같은 연쇄 작용은 장기적인 요소 한 가지를 확고히 했다. 다시 말해, 그런 원칙이 삶의 평온함을 보장해주지만 새로움에 항상 관심 있는 사람들이나 자비심으로 가득한 사람들을 만족시키지는 못한다. 하지만 이것이야말로 우주의 질서다. 이에 순종하는 수밖에 없다. 마음에 열의를 품고 필요한 만큼 착각하며 살자. 우리가 유용하며 선하다고 믿는 일을 행하자. 하지만 갑작스럽고 깜짝 놀랄 만한 성과를 거두리라 기대하지는 말자. 우리 사회에 대해 종말론적인 상상을 하지도 말자. 모든 종말론은 우리를 현혹하고 결국 실망하게 한다. 기적을 기다리지도 말자. 그저 눈에 띄지도 않는 우리의 역할을 하며 어차피 겪지도 않을, 그리고 더 좋을지 나쁠지도 모를 미래를 준비하는 것으로 족하다.

◆　◆　◆

인생에서 우연을 구별해낼 수 있어야 한다. 궁극에 가서는 운이 바로 신이다.

◆　◆　◆

철학 이론들은 인간의 지성이 거쳐 온 다양한 상태들에 대해 학자들의 이해를 돕는 일종의 정신적인 유적이라는 의미에서만 흥미롭다. 인간을 아는 데는 소중한 도구지만, 인간이 아닌 다른 무언가를 아는 데는 철학 이론들이 전혀 도움이 되지 않는다.

이는 마치 시야를 등분하기 위해 천문관찰용 굴절망원경에 삽입하는 얇은 백금 줄과 같다. 이 백금 줄은 천체를 정확히 관찰하는 데 유용하지만 하늘에서 온 것이 아니라 인간이 만들어낸 도구다. 굴절망원경에 백금 줄을 넣을 수 있으니 잘된 일이다. 하지만 망원경에 백금 줄을 넣은 이가 광학자라는 사실을 잊어서는 안 된다.

◆　◆　◆

열일곱 살이던 해 어느 날, 나는 아르카드 거리에서 열린 독서 클럽에서 알프레드 드 비니[67]가 강연하는 모습을 보았다. 카메오 핀으로 목덜미에 고정한 폭이 넓은 검정 실크 넥타이를 하고 그 위로 가장자리가 둥근 옷깃이 늘어진 그의 모습을 결코 잊지 못하리라. 그는 손잡이 부분이 금박으로 장식된 등나무 지팡이를 손에 쥐고 있었다. 나는 물론 꽤 어렸지만, 드 비니가 나이 들었다는 생각은 하지 않았다. 그의 얼굴은 평온하고 온화했다. 이미 원래 색을 잃었지만, 여전히 윤기가 흐르고 가뿐한 곱슬머리가 오동통한 뺨 위로 내려와 있었다. 드 비니는 아주 똑바른 자세를 유지한 채 작은 보폭으로 걸었고, 낮은 목소리로 말했다. 그가 자리를 떠난 후, 나는 크나큰 존경심을 품은 채 그가 가지고 왔던 책을 훑어보았다. 프티토 선집[68] 중 한 권으로, 아마 들라누[69]의 회고록이었던 것으로 기억한다. 그 책을 들추다가 폭이 좁은 종이로 만든 책갈피를 발견했다. 거기에 길쭉하고 뾰족한 멋진 필체로—마담 드 세비녜[70]의 글씨를 연상시키는

67 Alfred de Vigny, 1797~1863. 초기 낭만주의를 대표하는 프랑스의 시인으로 가장 잘 알려져 있다. 소설가이자 극작가이기도 하고 셰익스피어 작품을 프랑스어로 옮긴 번역가이기도 하다.

68 Claude Bernard Petitot, 1772-1825. 프랑스의 문인이자 역사가로 프랑스 역사와 관련된 회고록들을 수합하여 펴냈다. 이를 프티토 선집이라고 한다.

69 프랑수아 들라누(François de la Noue, 1531~1591). 16세기 프랑스의 종교 전쟁에서 신교도 위그노를 이끈 지도자 중 한 명이다.

70 Madame de Sévigné, 1626~1696. 세비녜 후작 부인이라고도 한다. 주변 문인들과 나눈 서신이 프랑스 문학사에 중요한 작품으로 전해 내려온다.

필체였다―시인 알프레드 드 비니는 단 한 단어, 바로 벨레로폰 [71]이라는 이름을 연필로 적어 두었다. 우화에 나오는 영웅 벨로로폰인가, 역사 속 유명한 군함 벨로로폰을 뜻하는가?[72] 벨레로폰이라는 말은 그에게 대체 무슨 의미였을까? 그 단어를 적으면서 드 비니는 세상의 권세의 경계를 넘고자 한 나폴레옹을 생각했을까,[73] 아니면 자기 자신에게 이렇게 말했을까? "그리스인들이 아무리 그렇다고 기록한들, 페가수스에 올라탄 애수에 찬 기병 벨레로폰은 무시무시하면서도 매혹적인 괴물 키마이라를 결코 죽이지 못했다. 이마에 땀이 송골송골 맺힐 정도로, 목이 타들어 갈 정도로, 그리고 발밑이 피바다가 되는데도 우리는 여전히 미친 듯이 키마이라를 뒤쫓고 있으니 말이다."

◆　◆　◆

철학적인 경지의 애수는 암울하면서도 웅장한 말들로 표현된

---

71 그리스 신화의 영웅으로 페가수스를 타고 키마이라를 죽였다고 전해진다.

72 벨레로폰은 18세기에 처음 사용된 영국 해군의 유명한 전열함의 이름이기도 하다.

73 영국 해군의 전열함 벨레로폰은 현 아이티 근처 해상에서 나폴레옹의 군대와 맞대결한 바 있다.

바 있다. 고도의 도덕적인 미美의 경지에 도달한 신앙인이 단념을 통해 기쁨을 맛보듯이, 우리 주위의 모든 것은 그저 외견이고 기만일 뿐이라는 사실을 깨달은 현자는 철학적 애수에 취해 잠잠한 절망의 달콤함에 빠져든다. 심오하고 아름답기까지 한 아픔을 맛본 사람들은 이를 경박한 쾌활함이나 속세의 헛된 희망과 절대 바꾸지 않는다. 미학적으로는 아름답지만, 이런 절망과 애수가 인류와 국가에 해가 된다고 믿는 반대자들의 배척을 멈추려면 다른 방법은 없다. 크세노파네스[74]로 대표되는 그리스 철학의 황금기에 탄생했고, 데모크리토스, 에피쿠로스, 가상디처럼 가장 고상하고 가장 평온하며 가장 온화한 지성인들이라는 개화된 인류를 매개로 영속화된 이론, 즉 보편적인 환상과 사물의 유동流動에 대한 학설을 그들에게 제대로 이해시키는 방법뿐이다. [75]

◆　◆　◆

---

74 기원전 6~5세기에 활동한 고대 그리스의 철학자이자 시인이다.

75 데모크리토스는 고대 그리스의 철학자로 형이상학적 결정론을 대표한다. 여기서 가상디(1592~1655)는 16세기에 활동한 프랑스의 물리학자이자 철학자이자 수학자인 피에르 가상디Pierre Gassendi를 말한다. 에피쿠로스의 이론을 이어받은 측면이 많다.

세상의 어떤 현자보다 현명한 아홉 살짜리 여자아이를 알고 있다. 방금 그 아이가 이렇게 말했다.

"책 속에는 실제로 볼 수 없는 이야기가 나와요. 너무 먼 나라 이야기거나 지나간 옛날이야기거든요. 그런데 책에 있는 내용은 우리가 쉽게 볼 수도 없고 슬프기만 해요. 어린아이들은 책을 읽으면 안 돼요. 세상에는 보기 좋은 것들이 너무 많고 아이들은 아직 보지 못한 것들이 많으니까요. 호수, 산, 강, 도시와 시골, 바다와 배, 하늘과 별들이요!"

나도 이 아이와 같은 생각이다. 우리에게 딱 한 시간의 여생이 주어진다면 그렇게 많은 지식으로 머릿속을 채울 필요가 뭐 있겠는가? 결국 우리가 아무것도 알 수 없음을 깨닫게 된다면 무엇 때문에 그렇게 많이 배우겠는가? 우리는 지나치게 책 속 세상에서 살고 있다. 자연에서 충분히 시간을 보내지 않는다. 그러니 우리는 베수비오산이 폭발하면서 다섯 개의 도시를 잿더미로 덮는 광경을 목격하고도 그리스의 웅변가를 공부하던 플리니우스와 같다.

◆　◆　◆

공정한 역사가 존재하는가? 역사란 대체 무엇인가? 지나간 사건들을 글로 기록한 것이다. 하지만 사건은 또 무엇이라 정의할 것인가? 무엇이든 어떤 사실을 사건이라 부르는가? 그렇지 않다. 역사에서 말하는 사건은 주목할 만한 사실을 말한다. 한데 역사가는 어떻게 어떤 사건이 주목할 만한지 그렇지 않은지를 판단하는가? 역사가는 자신의 취향과 성격에 따라 임의로 판단한다. 결국, 예술가와 같다고 할 수 있다. 하나의 사실은 무한히도 복잡한 대상이다. 역사가는 그 복합성을 충분히 반영해 사실을 기록하는가? 불가능한 일이다. 역사가는 어떤 사실을 구성하는 모든 특이성을 완전히 배제한 채 역사에 기록을 남긴다. 그렇기에 그 사실은 훼손되고 손발이 잘려 나간, 실제와는 다른 모습으로 기록되고 만다. 사실들 간의 관계에 대해서는 말도 꺼내지 말자. 소위 역사적이라고 하는 사실이 역사적이지 않거나 심지어 미지의 하나 혹은 여럿의 사실에 의해 발생하는 경우가 충분히 가능하고, 그럴 개연성도 있다. 이 경우 역사가는 사실들 간의 관계를 어떻게 규정하고 연쇄작용을 어떻게 설명할 것인가? 나는 이 글에서 역사가가 눈앞에 몇몇 신빙성 있는 증거를 가지고 있다고 가정하고 있다. 하지만 사실 역사가는 속임을 당할 뿐이고, 오직 감정에 의한 논리로 특정 증거만을 선별하는 결정을 내린다. 역사는 과학이 아니라 예술이다. 오직 상상력만으로 성과를 낼 수 있다.

◆　◆　◆

"아름답고도 아름다운 범죄로다!" 장 자크 바이스[76]는 발행 부수가 많은 어느 신문에 이런 글을 기고한 적이 있다. 이 표현은 정기 구독자들의 분노를 샀다. 내가 아는 나이 지긋하고 품성이 정직한 법관 한 분도 다음 날 배달원에게 신문을 반납해버렸다. 30년 넘게 구독한 독자였고, 더는 습관을 바꾸고 싶지 않을 나이인데 말이다. 그런데도 직업윤리를 위해 희생을 기꺼이 감수했다. 참으로 후하게도 바이스가 경탄해 마지않은 문제의 범죄는 퓌알데스 사건[77]으로 추측된다. 나로서는 누구의 빈축도 사고 싶지 않고 그럴 주변머리도 없다. 내게는 없는 담대한 영감이 필요한 선언이었을 테니까. 하지만 바이스가 옳았음을 고백한다. 정말 아름답기 그지없는 범죄였다.

세인의 이목을 집중시키는 희대의 범죄들은 우리 모두에게 거부할 수 없을 만큼 매력적이다. 세상에 뿌려진 피의 적어도 절반은 인류의 시를 완성하기 위함이었다고 해도 과언은 아니다. 그러니 맥베드와 쇼파르[78]는 무대의 왕이다. 인간은 악랄한 사

---

76 Jean-Jacques Weiss, 1827~1891. 프랑스 문인이자 언론인이다.

77 Affaire Fualdès, 1817~1818년 왕정복고 시기 프랑스를 뜨겁게 달군 살인 사건이다. 희생자는 나폴레옹의 제1 제정 당시 감찰관을 지낸 퓌알데스였다. 언론과 정치, 사람들의 상상력이 더해지며 억측과 날조가 난무했다.

78 쇼파르는 1796년에 리옹에서 발생한 우편 마차 습격 사건을 바탕으로 한 극에 등장하는 인물이다. 이 사건으로 우편배달원 두 명이 사망했고, 19~20

건에 흥미를 느끼는 취향을 타고난다. 어린아이들에게 한번 물어보라. 백발백중 아이들은 푸른 수염이 아내들을 죽이지 않았다면 그 이야기는 덜 멋졌을 것이라고 답하리라.[79] 음험한 살인 사건 앞에 서면 인간의 마음은 놀라면서도 흥미가 발동하기 마련이다.

  놀라는 이유는 범죄 자체가 이상하고 신비롭고 또 끔찍하기 때문이다. 호기심이 생기는 이유는 이렇다. 모든 범죄의 깊은 뿌리에는 오래된 허기와 사랑이 자리하고 있는데, 좋든 나쁘든 우리 인간은 모두 그것으로 버티며 살아가고 있기 때문이다. 범죄자는 어딘가 아주 머나먼 곳에서 온 듯하다. 말하자면 숲이나 동굴에서 살던 옛 인류의 안타까운 모습을 연상시킨다. 원시 인류가 지닌 천재성이 범죄자의 내면에 되살아난다. 그는 인류가 이미 상실했다고 생각한 본능들을 간직한 사람이며, 인간의 지혜로는 가늠하지 못할 술수를 타고났다. 다른 이들에게는 깊숙한 곳에서 잠자는 욕망이 그를 내몬다. 그는 여전히 짐승인 동

세기에 걸쳐 프랑스에서는 이 사건을 모티브로 한 다양한 소설과 연극, TV 드라마 및 영화가 만들어졌다.

79 푸른 수염은 동화라는 새로운 장르를 구축한 프랑스의 작가 샤를 페로(Charles Perrault, 1628~1703)가 1697년에 발표한 이야기로 포악한 귀족 남편과 호기심 많은 아내가 주인공이다.

시에, 이미 인간이다. 그렇기에 우리는 범죄자 앞에서 분노 섞인 경탄을 한다. 범죄를 묘사하는 공연은 극적이면서도 철학적이며 우리의 주의를 끈다. 모두가 잠들어 있을 때 이상한 무리와 담벼락에 언뜻 보이는 사나워 보이는 그림자들로, 비참한 거리의 폐인들과 도무지 알 수 없는 표정으로 우리의 흥미를 자극한다. 수 세기에 걸쳐 양분을 준 어머니 대지를 스멀스멀 기어다니는 투박한 범죄는 밤의 흑마술과 어울린다. 우호적으로 침묵을 지키는 달과 자연 곳곳에 흩어져 있는 무서운 존재들, 그리고 들판과 강들이 드러내는 애수를 자신의 조력자로 삼는다. 도시 변두리 출신으로 무리 속에 숨어 지내는 범죄는 싸구려 술집의 술 냄새로, 타락을 좋아하는 성향으로, 상상을 초월하는 비열함이 묻어나는 말투로 사람들의 신경을 건드린다. 세상—내 말은 부르주아 사회라는 뜻이다—에 범죄가 드물기는 하지만, 우리처럼 옷을 차려입고 우리처럼 말하며 살아간다. 이렇게 애매하고 세속적인 모습으로 나타날 때 사람들의 상상력을 극도로 자극하는 듯하다. 검은 양복을 빼입은 (자들의) 범죄야말로 사람들이 가장 흥미를 느끼니 말이다.

◆　◆　◆

　가장 많은 사람에게 감동을 주는 매력은 신비의 매력이다. 면

사포 없는 아름다움은 없다. 우리는 아직 알아내지 못한 미지의 영역을 선호한다. 절대 꿈을 꿀 수 없다면 삶을 견뎌내기 어려울 것이다. 우리네 삶에서 최상의 요소는, 삶에서 실제로 찾기 불가능한 무언가를 마주하는 상상을 할 수 있다는 점이다. 우리는 어떻게든 얼마간의 이상향을 그려내기 위해 좋든 나쁘든 현실의 요소들을 활용한다. 현실 세계는 그 점에서 가장 유용하지 않을까.

◆　◆　◆

매 순간에 대해 '시대상의 반영'이라고들 말한다. 하지만 진정 시대를 반영하는 신호를 알아차리기란 쉽지 않다. 그러기 위해서는 현재와 과거를 잘 알아야 하고 세상 전반에 대한 깨달음이 있어야 하지만, 우리 중 누구도 이런 자질을 제대로 갖춘 이는 없다. 여러 번 내 눈앞에서 벌어지는 사소한 일들을 포착한 적이 있다. 현시대의 정신을 찾아냈다고 자족할 만한 독특한 특징을 발견했다고 느꼈다. 그래서 "이 일은 오늘날에나 가능하지 과거에는 불가능했다. 그야말로 이 시대를 반영하는 것이다"라고 말하곤 했다. 그런데 십중팔구 유사한 상황에서 비슷한 일이 있었음을 옛날 사람들의 회고록이나 오래된 역사책에서 발견하게 되었다. 우리 내면에는 기본적인 사람됨이 깔려 있는데, 그 본질은 우리가 생각하는 것보다 변화가 적다. 한마디로, 우리는 조상들과 크게 다르지 않다. 우리의 취향과 감정이 변하기 위해서는 그것을 만들어내는 신체 기관들 자체가 변화를 겪어야 한다. 하지만 이는 수 세기에 걸쳐 일어난다. 우리 인간의 특성 중 몇 가지라도 우리가 지각할 수 있을 만큼 변화하려면 수백 년, 아니 수천 년이 걸린다.

◆　◆　◆

우리는 더는 우리의 신앙을 고리타분한 교리의 틀에 가두지 않는다. 우리에게 '말씀'은 성경에서 말하는 대로 신성한 산 위에서 계시를 통해서만 드러난 것은 아니다. 이제 신학자들이 묘사하는 천국은 우리 생각에 헛된 망령이 가득한 영역으로 보인다. 삶이 짧음을 알고 있기에 우리는 삶을 더 길게 만들려고 지나간 시간의 추억을 활용한다. 이제 우리는 인간 육체의 불멸을 소망하지 않는다. 그런 소망이 사멸한 데 대한 상처를 달랠 수 있는 유일한 방법은 오직 다른 종류의 불멸을 꿈꾸는 길뿐이다. 흩어져 분산된 이 불멸은 손에 잡히지도 않고 오직 미리 맛볼 수밖에 없으며 게다가 우리 중 극소수의 사람만이 얻을 수 있다. 그 다른 불멸이란 인류의 기억 속에 영혼의 불멸로 남는 것을 말한다.

◆ ◆ ◆

이 세상에서 우리가 할 수 있는 일이라고는 체념밖에 없다. 하지만 고상한 이들은 이 체념에 우아하게도 '만족contentement'이라는 이름을 붙였다. 위인들은 성스러운 기쁨을 품은 채 체념한다. 의심이 씁쓸한 그늘을 드리우는 가운데서도, 전 우주적인 악의 한가운데서도, 공허한 하늘 아래서도 이들은 고대 신실한 성도들의 미덕을 고스란히 지킨다. 그들은 믿으며 또한 믿고 싶어 한다. 인류의 자비심이 그들을 뜨겁게 하지만 아직 부족하다. 크리스트교 신학이 현명하게도 다른 어떤 미덕보다 우위에 놓은 소망이라는 미덕을 그들은 여전히 신실하게 지킨다. 소망하자. 고결한 노력에도 불구하고 이 세상을 아직 파괴하지 못한 인간이 아니라, 우리가 야만인에서 이런 인간이 되었듯이, 언젠가는 인간으로부터 발전해 나타날 아직은 상상할 수도 없는 존재들에게 우리의 소망을 두자. 미래 세계의 천재들에게 경의를 표하자. 생물변이설의 법칙[80]이 물질세계를 지배하는 상황 속에서도, 전 우주적인 번민 속에서도 소망하자. 이 번민은 비옥하

---

80 transformisme, 용불용설을 제시했고, 생물학을 체계화해 그 명칭을 부여한 프랑스의 생물학자 장 바티스트 드 라마르크(1744-1825)가 제시한 이론으로 이후 진화론의 모태가 되었다. 종의 변형이론이라고도 한다.

여 우리 내면에서 점점 자라고 있음을 느낀다. 그것이야말로 우리가 필연적이고도 신성한 목적을 향해 전진할 수 있게 하는 원동력이다.

◆ ◆ ◆

노인들은 자기 생각에 너무 집착하는 경향이 있다. 그런 이유로 피지 섬의 원주민들은 나이 든 부모를 죽인다고 한다. 그럼으로써 그들은 진화를 촉진한다. 반면 우리는 노인들로 가득한 온갖 아카데미를 만들며 진화를 지체시킨다.

◆ ◆ ◆

시인들이 느끼는 무료함에는 금박을 둘렀으니 그들을 너무 불쌍히 여길 필요는 없다. 노래하는 이는 자신의 절망을 진정시킬 줄 안다. 단어의 마법에 대적할 마법은 절대 없다. 시인들은 어린아이처럼 이미지를 이용해 자신을 위로한다.

◆ ◆ ◆

남자들은 사랑에 빠질 때 형태와 색채가 필요하다. 이미지를 원한다는 뜻이다. 여성들은 그저 느낌을 원할 뿐이다. 여성들은 눈으로 보지 않기에 우리 남자들보다 더 잘 사랑하는 존재다. 프시케의 등잔불, 그러니까 그녀가 떨어뜨린 기름 한 방울에 관한 이야기를 떠올려보자. 나는 프시케가 여성이 아니라 영혼이라고 생각한다.[81] 이 둘은 같지 않다. 오히려 정반대다. 프시케는 눈으로 보려 하지만 여성은 오직 느끼는 데에만 관심을 가진다. 프시케는 미지의 무언가를 찾는 인물이지만 여성들이 탐색할 때는 그렇지 않다. 그들이 품었던 꿈이라든가, 그들의 추억 같은 순수한 감각을 되찾고 싶어 할 뿐이다. 여성들에게 눈으로 잘 보는 재주가 있었다면 그들의 수많은 연애담을 대체 어떻게 다 설명할까?

---

81 프시케는 어둠 속에서만 그녀를 찾는 비밀스러운 남편으로부터 절대 내 얼굴을 보려 하지 말라는 당부를 듣지만, 호기심을 이기지 못한다. 등잔불을 켜서 잠든 남편을 살피다 그가 에로스임을 깨닫고 놀라 실수로 기름 한 방울을 떨어뜨려 그를 깨우고 만다.

수녀원에 관하여
— 에두아르 로*에게

---

* Edouard Rod, 1857~1910. 프랑스어권 스위스에서 태어나 파리에서 활동한 소설가.

젊은 여성이 자진해서 속세를 떠나는 모습을 보면 가슴이 아
프다. 수도원은 그곳에 들어가지 않는 이들에게 두려운 대상이
다. 6세기 중반 기독교 시대 로마에 블레실라라는 젊은 여성이
있었다. 그녀는 어느 수도원에서 금식을 계속하다 결국 숨을 거
두고 만다. 분노한 사람들은 그녀의 장례식에서 "우리 마을에
서 이 끔찍한 수도승들을 쫓아내자! 그들에게 돌팔매질하지 않
는 이유가 무엇인가! 그들을 강물에 던져버리지 않는 이유가 무
엇인가!" 하고 분개했다. 14세기가 지난 후 샤토브리앙이 오브
리 신부의 입을 빌려 "고행이라는 경지에 닿기 위해 그들의 아
름다움을 성화하고, 쾌락은 그저 고통일 뿐인 이 반항하는 육체

를 스스로 훼손"시켰다고 수도원 생활을 찬미하자,[1] 철학자이기도 한 나이 지긋한 모렐레 신부[2]는 수도원에서의 삶을 칭송하는 그의 말에 즉시 반박하며 "그것이 광신주의가 아니라면 샤토브리앙은 대체 광신이 무엇인지 내게 정의를 알려 달라!"라고 압박했다. 이 끝도 없는 논쟁에는 어떤 교훈이 있는가? 자연인에게 수도 생활은 두려움의 대상이기 마련이지만, 그런데도 수도원에서의 삶이 여전히 존재하고 지속하는 이유가 분명 있을 것이라는 점 때문이 아니겠는가? 보통 사람들과 철학자들이 그 이유를 늘 납득하는 것은 아니다. 그 이유는 심오하며 인간의 본성에서 가장 신비로운 영역에 해당한다. 사람들은 수도원을 공격하고 타도했다. 하지만 버려진 폐허에 다시 사람들이 모여들었다. 어떤 영혼들은 자기 본성의 경향을 따라 그곳에 도달한다. 수도원 생활이 맞는 금욕적인 사람들이다. 이들은 무정한 평화주의자들이므로 속세를 떠나 기꺼이 침묵과 평화의 세

---

1 샤토브리앙 자작(François-René, vicomte de Chateaubriand, 1768~1848). 프랑스 귀족 출신 작가이자 정치가로 낭만주의의 선구자이며 후대에 영향을 가장 많이 준 불문학계의 거장 중 한 명으로 꼽힌다. 젊은 시절 무신론자였다가 천주교에 귀의해 전통적인 왕정주의자가 되었다. 이 부분의 인용은 샤토브리앙의 1801년 작품 『아탈라 Atala』의 내용이다. 한 문장의 인용은 아니고 두 군데 다른 부분에 나오는 내용을 아나톨 프랑스가 연결했다.

2 Abbé André Morellet, 1727-1819. 예수회 신부이자 정치 경제학자였다.

계로 내려간다. 또 어떤 영혼들은 기력 없는 본성을 가지고 태어난다. 이들은 아무 호기심도 없다. 의욕도 욕구도 없는 삶을 살아간다. 살아야 할지 죽어야 할지 모르는 채로 이들은 수도원에서의 삶을 온전하지 못한 삶이자 온전하지 못한 죽음의 상태로 받아들인다. 또 어떤 영혼들은 우회해서 수도원에 도착한다. 즉, 최종 목적지를 미리 알고 있던 이들이 아니다. 상처받은 순수한 영혼일 수도 있고, 일찌감치 크게 실망하거나 비밀스럽게 마음의 상처를 입고 세상에서의 삶에 대한 흥미를 잃은 부류다. 이들의 인생은 열매를 맺을 수 없다. 냉기로 인해 꽃 자체가 말라버렸기 때문이다. 악이 온 우주를 지배한다는 생각을 너무 일찌감치 한 사람들이다. 이들은 몸을 숨겨 울고 싶을 따름이다. 세상이 자기를 잊어주기를 바라며 자신도 세상을 잊고 싶어 한다. 아니, 이들도 자신의 아픔을 사랑하기에 다른 사람들과 사물로부터 자신이 지닌 아픔을 고스란히 보존하기 위해 수도원에 오는지도 모른다. 수도원으로 들어오는 마지막 부류의 영혼이 있는데, 자기희생의 열정이 크고, 속세의 사랑을 향한 헌신보다 더욱 철저히 자기를 내려놓음으로써 자신의 전부를 바치고자 하는 이들이다. 이런 이들은 훨씬 드물다. 이들이야말로 예수 그리스도의 진정한 신부들이라고 할 수 있다. 교회는 이들에게 장미꽃, 백합꽃, 평화의 비둘기와 어린 양 등의 달콤한 이름을 부여했다. 성모마리아의 입을 빌려 교회는 이들에게 별로 만든 왕관과 순진함의 왕좌를 약속한다.[3] 하지만 신학자들보다 한술 더 떠 논하지는 말자. 신앙을 중시하던 시대에는 수녀들의 신비주의적인 미덕에 대해 열띤 반응을 보인 적이 없다. 보통 사람들에 관한 이야기가 아니다. 어차피 보통 사람들은 늘 수녀들을 경계했고, 그들을 재미있는 이야깃거리로 삼아왔다. 열띤 반응은 재속 성직자들에 대한 이야기다. 수녀들에 대한 이들의 생각은 항상 복합적이었다. 수도원에 대한 낭만적인 시적 접근은 샤토브리앙과 몽탈랑베르[4] 시대에 시작되었음을 잊지 말자.

각 공동체는 시대와 지역에 따라 다를 수밖에 없고, 모든 공동체를 공통으로 판단하기는 불가능하다는 점 또한 염두에 두어야 한다. 수도원은 서양 세계에서 오랫동안 농장이었고, 학교였으며, 병원이자 도서관 역할을 했다. 어떤 수도원이 지식을 보전하는 역할을 하는가 하면 어떤 수도원은 무지를 존속시키는 역할을 했다. 노동을 소중히 여긴 수도원이 있는가 하면 무위를 추구한 수도원도 있었다.

알자스 지방 어느 공작의 딸 오딜 성녀가 12세기 중반 산중에

---

3   신앙과 관련해서 이 '순진함의 왕좌'라는 표현도 샤토브리앙의 『기독교의 정수 Génie du Christianisme』의 인용이다.

4   샤를 드 몽탈랑베르(Charles de Montalembert, 1810~1870). 귀족 출신 프랑스 언론인이자 정치인이자 역사가이며 가톨릭교회 내에서 자유주의를 이끈 이론가로 기억된다.

세운 수도원을 몇 년 전에 방문한 적이 있다. 그녀는 알자스 사람들의 마음속에 생생하게 살아 있는 인물이다. 이 강인한 여성은 너무나 어렵게 생활하는 주변의 빈민들을 보고는 그들의 수고를 덜어주기 위한 방법을 모색했다. 명민한 여성 조력자들의 도움과 수많은 농노가 제공한 노동력으로 못 쓰는 땅을 개간해 경작을 시작했으며, 가축을 키웠고, 추수한 수확물을 도적들로부터 지켜냈다. 그녀는 부주의한 이들을 위해 앞을 내다보았고, 용의주도하게 움직였다. 맥주를 마셔대는 이들이 술을 끊도록 도왔고, 폭력을 행사하는 이들에게 온화함을 가르쳤다. 그리고 모두에게 규모 있게 살림하는 법을 알려주었다. 이 야만의 시대를 살던 강인하고 순수한 처녀들, 이 위엄 있는 소작인들과 루이 15세 시대 수도원장들 사이에서 과연 비슷한 점을 찾을 수 있을까? 원장 수녀들이라고 하면, 일을 시작하기 전에 매력점을 찍고 그녀들의 손가락에 입맞춤으로 인사하는 수도사들의 입술에 마레샬 파우더[5]의 향을 진하게 남기는 여인들이 아닌가.

그렇지만, 귀족들이 반항아 처녀들을 수녀원에 강제로 보내던 파렴치한 시대에도 수도원 창살 뒤로 선한 영혼들은 분명 존재했다. 어느 날 나는 그런 수녀 한 명의 비밀을 발견했다. 그

---

5 프랑스 군대의 오몽 원수Maréchal Aumont의 부인이 발명했다고 전해지는 향
   수 파우더의 이름이다.

녀가 제발 나를 용서하기를! 바로 작년에 있었던 일이다. 센 강변 말라케 거리에 있는, 르구뱅이 운영하는 고서적상에서 수녀들이 사용하던 오래된 고해용 교본 한 권을 찾아냈다. 교본 제목 위에 차분한 필체로 새겨진 글을 보고, 1779년 푀이양틴느 Feuillantines 수녀회[6] 소속이던 안느 수녀의 고해 책자임을 알 수 있었다. 프랑스어로 기록한 이 고해서의 특징은 각각의 죄가 오직 각 페이지의 가장자리에 붙은 작은 종잇조각에 적혀 있었다는 점이다. 소성당에서 양심을 점검하는 시간 동안 고해성사를 준비한 수녀는 크고 작은 죄악을 기록할 때 펜도 연필도 필요 없었다. 자신이 저지른 죄악이 표시된 교본의 페이지 모서리를 접어두기만 하면 됐다. 그렇게 고해소에 들어가면 접어놓은 교본 모서리 덕분에 안느 수녀는 하나님의 계명이나 교회의 가르침에 순종하지 못한 일들을 절대 잊어버리지 않았다.

내 친구이기도 한 르구뱅의 고서적상에서 이 작은 책자를 찾아낸 나는 여러 가지 죄목이 한꺼번에 접혀 있음을 알아차렸다. 안느 수녀의 놀라운 죄과였다. 어떤 죄들은 수차례에 걸쳐 접었는지 모서리가 닳아 있었다. 바로 그 영역들이 안느 수녀의 결점이었다.

---

6 파리의 루브르 근처 푀이양틴느 거리에 자리했던 이 수녀회와 수도원 건물은 1792년 프랑스 대혁명 이후 격변기에 해산, 폐쇄되었다.

의심의 여지가 없었다. 이 책은 1790년 수녀회가 해산한 후[7] 쓰인 적이 없는 데다 교본 안에는 종교화와 성서 인물로 장식한 기도문이 페이지 사이에 잔뜩 끼워져 있었다.

나는 안느 수녀와 같은 영혼을 지닌 사람들을 잘 안다. 죄가 있다 해도 순수한 죄만을 짓는 영혼을 지닌 사람들 말이다. 지금 안느 수녀가 하나님 아버지의 오른편에 앉아 있기를 진심으로 소망한다. 새하얀 수녀복을 차려입은 푀이양틴느 수녀 중에서도 이보다 순수한 마음을 지닌 이는 없었다. 이 성스럽고 솔직하며 약간은 통통한 여인의 모습을 상상해본다. 수도원 정원 내의 양배추밭을 천천히 걸으며 창백한 손가락으로 자신의 일상만큼이나 규칙적인 자신의 죄악을 고민 없이 기록하는 그녀의 모습을. 그녀의 죄악은 허영에 찬 말 한마디, 모임 중 산만했던 일, 미사 중 집중하지 않은 죄, 가벼운 불순종과 식사 중 쾌락을 추구한 일 같은 항목들이다. 식사 중 쾌락이라는 항목은 내 마음을 크게 흔들어 눈물이 날 지경이었다. 안느 수녀는 물로 삶은 채소 뿌리를 먹으며 쾌락을 느꼈다고 고해했다. 그녀는 슬픔에 빠지거나 의심하는 사람이 아니었다. 하나님을 시험에 들게 한 적도 절대 없었다. 그런 죄의 항목은 그녀의 책자에 전

---

7 문헌상 이 수녀회는 1792년 해산되었다고 나오는데 아나톨 프랑스는 1790년 이라고 기록했다. 혁명 발생 직후인 것은 분명하다.

혀 접힌 자국이 없었다. 수녀가 된 그녀의 운명은 타고난 본성에 걸맞았다. 그 점이 바로 안느 수녀가 지닌 지혜의 비밀이다.

정확히 알 도리는 없지만, 지금도 수녀원에는 안느 수녀와 같은 이들이 많을 것이다. 나는 수도승들에게 비판할 거리를 잔뜩 가지고 있다. 아니, 지금 당장이라도 솔직히 그들을 싫어한다고 인정하는 것이 최선이라 생각한다. 하지만 수녀들의 경우, 그중 많은 이들은 안느 수녀처럼 수도원 생활에 잘 어울리는 영혼을 지녔다고 생각한다. 그렇기에 그들은 은총이 넘치는 상태를 유지할 수 있다.

그런 영혼의 소유자가 아닌 바에야 수도원에 들어갈 이유가 없지 않은가? 오늘날에는 가족의 오만함과 인색함으로 인해 수도원에 갇히는 젊은 여성은 없다. 수녀가 되는 것은 그 여성의 선택이다. 수도원을 떠나고 싶으면 얼마든지 떠날 수 있지만, 그녀들은 여전히 수도원에 남아 있다. 프랑스 대혁명이라는 우스꽝스러운 상황이 몰아칠 때, 엄격한 철학자들은 수도원들을 폐쇄했고, 인간의 본성을 내세우며 수녀들을 결혼시켜버렸다. 하지만 인간의 본성은 그들이 생각하는 것보다 훨씬 방대한 영역이다. 본성은 관능과 금욕주의를 함께 품고 있다. 수녀원이라는 괴물은 사랑스러웠던 것이 틀림없다. 분명 수녀들로부터 사랑받았고, 오직 자발적인 희생양만을 집어삼켰으니 말이다. 수도원은 나름의 매력을 지니고 있다. 소성당과 황금빛 단지들과 종이 장미, 달빛처럼 창백하고 신비로운 조명 아래 놓인 천연색 감의 성모마리아 성화, 찬송가, 향, 신부의 목소리 이 모든 것이 수도원의 일차적인 유혹 요소다. 이것들이 세상의 유혹을 이기는 경우가 종종 있다.

수도원의 이 같은 사물들에는 영혼이 있으며, 특정한 본성을 타고난 이들에게 특히 감동을 안기는 어떤 시적인 아름다움이 있다. 정주하는 본성을 타고났으며 이목을 즐기지 않고 공손하게 숨어 살기를 원하는 여성은 수도원 생활에서 무엇보다 편안함을 느낀다. 수도원의 분위기는 미지근하고 조금 갑갑하기도 하다. 그 분위기는 양갓집 딸들에게 느릿한 질식이라는 쾌락을 선사한다. 그녀들은 반쯤 잠든 상태를 맛보고 생각하는 법을 잊는다. 생각이라는 성가신 일이 사라졌으니 아주 잘 됐다. 대신 그녀들은 수도원에서 확신을 얻는다. 실제적인 측면에서 아주 훌륭한 거래가 아닌가? 예수의 신비로운 신부라든가, 선택받은 토끼, 아니면 순결한 비둘기 같은 명칭을 나는 그다지 대단하게 여기지 않는다.[8] 공동체 안에 살면 감탄할 일이 거의 없다. 그곳에서 미덕은 그저 느긋하게 진척된다. 심지어 신성함이라는 감정을 포함한 모든 미덕이 조심스레 한 발씩 내딛는 삶이다.

---

8   모두 기독교 신학에서 넓게 보았을 때 예수님을 따르는 사람들을 일컫는 개념들이다.

상상이 고양되는 일은 없다. 수도원에서 정신주의spiritualisme가 구현되는 일은 생각보다 자주 일어난다. 삶의 주요한 문제들이 자잘한 일들의 연속으로 너무나 잘 나뉘어 있어 정확한 시간 엄수가 무엇보다 중요하다. 어떤 것도 수도원 일상의 짜임새를 무너뜨릴 수 없다. 그곳에서의 의무는 아주 단순하다. 분명한 규칙이 지침을 주기 때문이다. 소심하고 유순하며 순종적인 영혼에는 그 삶이 만족스러울 수밖에 없다. 그런 삶은 상상력을 소멸시키지만, 쾌활함까지 없애지는 않으니 수녀의 얼굴에 진정으로 깊은 슬픔이 서리는 일은 아주 드물다.

우리 시대에는 프랑스의 수도원에서 레바의 비르지니[9]나 줄리아 카라치올로 같은 여성을 찾으려 해봤자 헛수고다. 사회에 반항하다 희생된 그녀들은 넋을 잃은 채 수도원 창살 너머로 인간의 본성과 세상의 향기를 호흡한다. 나는 테레사 성녀나 시에나의 카트리나 성녀 같은 사람도 찾기 어렵다고 생각한다.[10] 수도원의 영웅시대는 끝난 지 오래다. 열렬히 불타오르던 신비주의는 이미 꺼졌다. 수많은 남녀가 수도원 생활에 투신하던 이유

---

9   1861년에 프랑스에서 출판된, 17세기 이탈리아 수녀원의 삶을 다룬 동명의
    책에 등장하는 인물이다.

10 16세기 스페인 사람인 아빌라의 테레사와 14세기 사람인 시에나의 카트리나
    는 둘 다 천주교 성인으로, 신비주의 체험을 했고, 그 체험을 기록했다.

는 사라졌다. 폭력이 난무하던 옛 시대에, 노동의 열매를 맛보는 것도 보장되지 않던 시절에 남자들은 매일 누군가가 죽어 나가는 외침을 들으며 방화의 불길 속에서 하루를 맞이했다. 삶 자체가 악몽 같았다. 가장 유순한 영혼을 지닌 이들은 증오와 죄악이 가득한, 세상 위를 둥둥 떠다니는 거대한 방주와도 같은 수도원으로 들어가 천상을 꿈꾸며 사는 길을 택할 수밖에 없었다. 그런 시대도 이미 지나갔다. 세상은 이제 꽤 살 만한 곳이 되었다. 속세에 흔쾌히 남을 수도 있지만 여전히 세상이 너무 무례하고 불확실하다고 생각하는 이들은 아무튼 속세를 떠날 자유가 있다. 국민 제헌 의회[11]는 이 부분에 이의를 제기했지만, 잘못된 생각이었다. 원칙적으로 그런 자유를 인정해야 옳다.

파리에 모 회가 있는 수녀회의 수도원장을 한 분 알고 있다. 그분을 안다는 것은 참으로 영광이다. 그 수녀원장은 훌륭한 여인이요, 내가 진심으로 존경하는 분이다. 그분이 내게 해준 이야기가 있다. 불과 얼마 전 그녀가 속한 수녀회의 한 수녀가 임종을 맞았다고 한다. 그녀도 내가 속세에서 알던 분이다. 잘 웃기도 하고 아름다웠던 그 수녀는 수도원에서 폐결핵으로 숨을 거두었다고 한다.

---

11 Assemblée nationale constituante, 프랑스 혁명 직전에 루이 16세가 소집한 삼부회에서 불만을 가진 제3신분이 탈퇴한 후 구성한 의회다.

수녀원장이 말했다. "수녀님은 성스러이 소천 했습니다. 오래 앓으면서도 매일 자리에서 일어나 가사 일을 담당하는 수녀 두 명의 도움을 받아 소성당으로 갔습니다. 소천 하는 날 아침에도 그곳에서 기도했답니다. 요셉 성인의 성화 앞에 켜 놓은 초에서 촛농이 흘러내려 마룻바닥에 떨어졌습니다. 보조 수녀 중 한 명에게 초를 다시 잘 세우라고 말하고는 크게 한숨을 쉬고 임종의 순간을 맞았습니다." 종부성사終傅聖事 동안에도 그녀는 오직 신실함이 가득한 눈짓으로 죽는 자들을 위해 베푸는 그 성사를 받았다고 한다.

이 짧은 이야기를 수녀원장은 경탄이 나올 만큼 너무도 담백한 태도로 전했다. 죽음은 종교인의 삶에서 가장 중요한 행위다. 수도원에서의 금욕적인 삶을 통해 죽음에 대해 아주 잘 준비하기 때문에 죽음의 순간에는 죽음 자체가 문제 되지 않고 다른 일에 신경 쓴다. 촛농이 떨어지는 초를 잘 정돈하고 나서야 숨을 거두었다니. 철저하게 성스러운 삶을 마무리하는 방법으로 과연 이보다 좋은 이야기가 있을까.

그날 밤 알파벳의 기원에 관해
어느 유령과 나눈 이야기

조용한 밤중에 글을 쓰고 있었다. 한참을 몰두한 참이었다. 등불에서 나오는 빛줄기가 전등갓을 통해 서재 사면에 위치한 책장에 놓인 책들의 그림자를 책상 위로 비추었다. 꺼져가는 불은 쌓인 재 위로 루비처럼 붉은 마지막 불꽃을 드리웠다. 독한 담배 연기가 온통 방을 가득 채우고 있었다. 내 앞의 술잔 안에는 담배꽁초가 산더미처럼 쌓였고, 마지막 담배에서는 가느다랗게 푸릇한 연기가 올라왔다. 방에 드리운 어둠은 신비했다. 잠들어 있는 모든 책의 영혼을 느낄 수 있었기 때문이다. 손가락 사이에 깃털 펜을 쥔 채 잠시 멈춰 아주 고대적 일들에 대해 생각하던 참에, 담배 연기 속에서—마법의 약초를 태울 때 나오는 연기처럼—희한한 인물이 등장했다. 곱슬머리에 길쭉하고 부리

부리한 눈, 매부리코, 두툼한 입술을 가진 그는 아시리아식으로 꼬불꼬불한 검은 턱수염을 길렀고, 밝은 구릿빛 피부에다 술수와 잔인한 관능이 표정에 묻어나는 사람이었다. 다부진 몸과 풍성하게 차려입은 옷차림으로 보아 고대 그리스 사람들이 야만인이라고 부르던 동양인[1] 중 한 명이 분명했다. 별 장식이 된 푸른색 물고기 머리 모양의 모자를 썼고, 입고 있는 선홍빛 긴 옷에는 동물 문양이 수 놓여 있었다. 그는 한 손에 노를, 다른 한 손에는 돌 판들을 들고 있었다. 나는 그가 나타나는 모습을 보고도 전혀 놀라지 않았다. 책으로 가득한 서재에 유령들이 출현하는 것만큼 당연한 일이 어디 있는가. 자신들의 기억을 보존하는 기호들이 모여 있는 서재가 아니면 죽은 이들의 영혼이 어디에 나타난다는 말인가? 나는 낯선 이에게 앉으라고 권했다. 그는 말을 듣지 않았다.

"괜찮소. 제발 내가 없다고 생각하시오. 나는 그저 당신이 그 질 나쁜 종이에 무엇을 쓰는지 보려고 왔소. 내게는 이것이 즐거운 일이오. 당신이 표현하려는 내용에 대해서는 전혀 관심 없소. 단지 당신이 기록하는 데 사용하는 그 기호들이 내 호기심을 무한히 자극할 뿐이오. 지난 28세기 동안 쓰이며 많이 변했

---

1 여기에서 동양은 동아시아가 아니다. 유럽의 관점에서 상대적인 개념으로 근동지역을 의미한다.

지만 당신이 깃털 펜으로 써 내려가는 그 글자들은 내게 익숙하오. 내가 살아 있던 시절에 저 알파벳 B는 베트라고 불렀는데, 집이라는 뜻이오. 저기 L이 있군. 저건 긴 막대 모양이라 라메드라고 불렀소. 낙타의 목덜미를 본뜬 이 G는 우리 글자 중 기멜에서 가져왔군. 그리고 우리 글자 중 알레프에 해당하는 저 A는 황소의 머리를 본떴소. 저기 보이는 D 역시 우리 글자의 달레트를 고스란히 차용한 듯하오. 달레트는 사막의 모래 위에 설치한 텐트 입구의 세모 모양을 표현한 글자요. 갈겨쓴 선을 보니 고대 유목민의 삶에서 시작한 이 기호의 가장자리를 둥글렸군. 당신들은 달레트뿐만 아니라 우리 알파벳의 모든 글자를 조금씩 다 바꾸어 놓았소. 더 빨리 기록하기 위해 그랬을 테지. 시간은 소중하오. 시간은 금가루나 상아, 타조의 깃털만큼이나 가치 있소. 인생은 짧소. 부를 축적하려면, 또 나이 들어 편히 살며 존경받으려면, 한순간도 낭비하는 일 없이 거래를 이어가고 항해를 해나가야 하오."

"그대여, 당신의 용모뿐 아니라 당신이 하는 말로 보아 그대가 고대 페니키아에서 온 분임을 알겠습니다."

그는 그냥 이렇게 답했다.

"나는 카드모스요. 카드모스의 혼령."[2]

"당신이 카드모스라 해도, 정확히 말해 당신은 존재하지 않습니다. 당신은 신화 속 인물이고 우화 속에 나올 뿐입니다. 그리스인들이 당신에 대해 적은 내용을 다 믿을 수는 없으니까요. 예를 들어 그리스 신화에는 당신이 아레스 신의 샘 근처에서 불을 내뿜는 용을 죽이고 그 괴물의 이빨을 뽑아 땅에 심었더니 그 이빨이 사람으로 변했다는 이야기가 나옵니다. 이는 그저 전해지는 이야기일 뿐이고 당신도 가공의 인물일 뿐입니다."

"내가 세월이 흐르면서 가공의 인물이 되어버렸다니, 그럴 수 있소. 몸만 커버린 아이 같은 그리스인들이 나에 대한 기억을 우화와 뒤섞은 모양인데, 그것도 뭐 그럴 수 있을 것 같소, 신경 쓰지 않소. 내가 죽은 후에 사람들이 나에 대해 어떻게 생각할지 한 번도 걱정한 적 없소. 내 걱정과 소망은 지상에서 누리는 이 삶 그 너머를 향한 적이 없소. 아직도 지상에서의 삶이 내가 아는 유일한 생이니 말이오. 하지만 서재 먼지 사이에서 헛된 유령으로 떠돌며 에르네스트 르낭이나 필립 베르제[3] 앞에 흐릿하게 나타나는 지금의 내 모습을 삶이라고 부르지는 않을

2　카드모스는 그리스 신화에 등장하는 고대 페니키아의 왕자다. 페니키아 알파벳을 그리스로 처음 가지고 온 사람이라고 전해진다. 이를 근거로 헤로도토스는 그가 기원전 2000년경 사람이라고 추정했다. 그러나 페니키아 알파벳이 제대로 정립된 것은 기원전 11세기 중반인 것으로 평가되며, 이 글에서도 카드모스는 아나톨 프랑스 혹은 화자에게 자신이 상대보다 28세기 전에 살았다고 말하고 있다.

3　Philippe Berger, 1846~1912. 프랑스 히브리어 교수이자 정치가로 에르네스트 르낭의 비서로 일하며 그와 페니키아에 대해 연구한 바 있다.

것이오. 살아 있을 때 정말 최고로 왕성하고 풍성한 삶을 누려 보았기에 유령이 된 지금의 내 상태가 유독 슬프오. 보이오티아⁴ 들판에 괴물의 이빨을 심은 것은 전혀 즐겁지 않았소. 그 이빨을, 키티라 섬⁵ 목동들이 내 재산과 권력에 대해 느끼는 증오와 시기심이라고 하면 좀 낫지만 말이오. 나는 평생 항해를 했소. 나의 검은색 선박에는 끔찍한 용모에다 피부가 불그스레한 난쟁이가 뱃머리에 자리했는데, 내 보물을 지키는 수문장과 같았소. 작은 배를 타고 하늘을 누비는 일곱 카베이리⁶들을 지켜보며, 또 그리스인들이 내 명성 때문에 페니키아 별이라 부르던 그 고정된 별⁷을 따라가며 나는 세상의 모든 바다를 항해했고, 모든 강가에 정박해 보았소. 콜키스⁸에는 금을 찾으러 갔고, 칼다아 족⁹들에게서는 철을, 오피르¹⁰에서는 진주를, 타르

---

4 고대 그리스 도시 국가로 그리스 신화에서 카드모스가 용을 죽여 그 이빨을 땅에 심었다고 전해지는 장소이기도 하다.
5 그리스의 섬으로 아프로디테 여신의 탄생지다.
6 그리스 신화에 나오는 신화 같은 존재를 말한다.
7 북극성을 의미한다.
8 고대 조지아 지역으로 흑해 남동해안에 위치한다.
9 북 아나톨리아 민족으로 이들의 이름 자체가 강철이란 뜻이며 고대 그리스에서 초기 제련 기술을 지닌 민족으로 알려져 있었다.
10 성경에서 솔로몬 대왕에게 3년에 한 번 진상품을 보내왔다는 부유한 항구 도시다. 현재의 필리핀으로 추정되나 아직 정확히 밝혀지지 않았다.

테소스[11]에서는 은을 구했소. 안달루시아에서는 철과 수은, 진사辰沙, 꿀, 왁스와 송진을 가져왔고, 세상의 경계를 넘어 대양의 파도를 헤치고 암울한 켈트인들이 사는 섬까지 다녀왔소. 그곳에서 돌아왔을 때는 이미 늙어버려 머리가 하얗게 셌소. 하지만 주석을 잔뜩 가져왔더니 이집트인과 그리스인, 이탈리아 땅에 사는 그리스인들이 금값을 내고 사 가곤 했소. 지중해는 내가 소유한 호수와 같았소. 지중해 연안, 아직 야만인들이 살던 땅에 수많은 해외 상관comptoir, 商館을 연 사람도 바로 나요. 그 당시 테베는 내가 황금을 보관하던 성채에 불과했소. 그리스에 갔더니 야만인처럼 부싯돌로 다듬은 석기와 사슴뿔로 무장했더군. 나는 그들에게 청동을 전해주었소. 그리스인들이 온갖 예술에 눈을 뜬 것도 내 덕이요."

그의 시선과 말에서 날카롭고 거친 태도가 느껴졌다. 나는 매몰차게 이렇게 대답했다.

"오! 당신은 분명 활발히 활동하는 명민한 상인이었습니다. 하지만 인정사정없었습니다. 가끔은 진짜 해적처럼 처신했습니다. 그리스나 주변 섬 해안가에 정박할 때면 부둣가에 화려한 옷감이나 장신구를 펼쳐놓지 않았습니까? 근처 아가씨들이 그 물건

---

11 이베리아반도 남부에 있다는 반쯤은 전설 속의 항구 도시다. 풍부한 금속 자원으로 유명했다.

에 이끌려 부모님께 알리지도 않고 혼자 와서 탐나는 물건들을 구경하면 당신 휘하의 선원들이 처녀들을 납치해갔습니다. 소리 지르고 울부짖어도 아무 소용이 없어서 처자들은 포박된 채 배의 맨 밑 공간, 당신의 부하 난쟁이의 감시를 받는 곳에 내동댕이쳐졌습니다. 그런 식으로 이나코스 왕의 딸 이오를 납치해 이집트에 팔아버린 사람이 당신과 당신의 부하들 아닙니까?"

"그럴듯하군. 이나코스 왕은 작은 규모의 야만족을 거느린 족장이었소. 그의 딸은 뽀얀 피부에다 섬세하고 순수한 외모를 지녔지. 야만인들과 문명인들의 관계는 어느 시대나 마찬가지요."

"사실입니다. 하지만 당신이 이끄는 페니키아인들은 전 세계에서 유례를 찾을 수 없을 만큼 엄청나게 많은 도적질을 했습니다. 게발[12]에 세운 페니키아인들의 공동묘지를 장식하기 위해 이집트에서 석관을 파헤치거나 지하 매장실 도굴을 서슴지 않았습니다."

"이보시오, 대체 그게 나같이 고대에 살던 사람에게 할 비판인지 생각해보시오. 이미 소포클레스조차 나를 고대의 카드모스라고 불렀소. 당신 서재에서 이야기를 나누기 시작한 지 채 5분도 지나지 않았는데, 당신은 벌써 내가 2800년이나 연장

---

12 페니키아인들이 세운 도시로 그리스어로는 비블로스라고 하며 현재 레바논 영토 내에 있다. 현재는 아랍어로 주바일이라 불리며 기원전 5000년에 세워진 이후 사람이 계속해서 살아온 드물게 긴 역사를 자랑하는 도시다.

자라는 사실을 까맣게 잊은 듯하오. 친애하는 신사여, 나는 이 집트나 그리스에서 미라 몇 구, 아니면 야만족 처녀 몇 명 훔쳤 다고 그렇게 비난받아선 안 될 가나안 사람 카드모스임을 인정 해주기 바라오. 아니, 차라리 나의 대단한 지성과 업적의 아름 다움을 경외하시오. 내가 소유했던 선박들에 대해서는 이미 말 했소. 당신에게 내 카라반도 보여줄 수 있소. 예멘으로 가서 향 과 몰약을 사 오고, 하란[13]에서 보석과 향신료를, 에티오피아에 서는 상아와 흑단을 사 왔소. 하지만 나의 활동은 단지 물물교 환이나 무역에 그치지 않았소. 나는 능수능란한 제조업자이기 도 했소. 아직 주변 세상은 야만의 시대에 잠들어 있었지만. 야 금술, 염색, 유리 제작, 귀금속 공예 등 너무 놀라워 마술이 아 니냐고 할 만큼, 불을 다루는 모든 분야의 기술에서 재능을 발 휘했소. 내가 세공한 그 잔들을 보시오. 오래된 가나안 보석상 [14]의 섬세한 취향에 감탄할 것이오. 또 농사일에서도 놀랄 만한 성과를 거두어, 레바논과 바다 사이 비좁은 땅에 풍요로운 정원 을 가꾸어냈소. 내가 만들어 놓은 저수지가 아직 여러 군데 남 아 있소. 당신의 스승 중 한 명도 "오직 가나안 사람 카드모스 만이 영원토록 남을 압착기를 만들 수 있었다"라고 말하지 않

---

13 메소포타미아의 중심지 중 하나였고, 현재 터키 땅에 있다.
14 카드모스 본인을 말한다.

앗소. 그대는 이 카드모스를 좀 더 알아야 할 것 같소. 나는 지중해 주변의 모든 민족이 석기 시대에서 청동기 시대로 발전할 수 있도록 도운 사람이오. 당신이 존경하는 그리스 사람들은 나로부터 모든 예술의 근본을 배웠소. 그리스인들이 밀과 포도주나 짐승 가죽을 가지고 오면 나는 그들에게 비둘기가 새겨진 세공 잔을 주거나 작은 토기 조각상을 선사했소. 그 후로 그리스인들은 내가 전해준 것들을 끊임없이 모방했고, 그들의 취향에 따라 발전시켰소. 마지막으로, 내가 그들에게 전해준 문자를 잊지 마시오. 그렇지 않았다면 당신이 그렇게 칭송하는 그리스인들은 사상을 기록하거나 발전시키지 못했을 것이오. 자, 이 모든 것이 카드모스의 업적이오. 이는 인류에 대한 자비도 아니고, 헛된 영광을 탐해서도 아니며, 오직 손에 잡히는 분명한 이득을 취하기 위한 일이었고, 돈을 사랑한 데서 비롯되었소. 카드모스는 돈을 벌려고 모든 일을 했소. 뽀얀 피부의 여성들이 관능적인 춤을 추고 하프를 연주하는 가운데 은으로 만든 탁자 앞에 앉아 금잔으로 포도주를 마시며 늙어가려고 그런 것이란 말이오. 왜냐하면 카드모스는 선도 미덕도 믿지 않기 때문이오. 인간은 누구나 악하고 인간보다 강력한 신들은 인간보다 더 악함을 잘 알고 있으니 말이오. 카드모스는 신들을 두려워했기에 피비린내 나는 제물을 바쳐 신들을 달래려 노력했소. 절대 신들을 좋아한 것은 아니오. 그는 자기 자신만을 사랑했소. 나는 지금 나 자신을 그저 있는 그대로 묘사했소. 하지만 이것만은 인정해야 하오. 내가 격렬한 관능적 쾌락을 추구하지 않았다면 부자가 되려는 노력도 안 했을 테고, 당신들이 아직도 만끽하는 모든 예술을 창조해 내지도 않았을 것이오. 마지막으로, 친애하는 그대여, 당신은 장사꾼 소질이 모자라 글쟁이가 되었소. 그리고 그리스 사람들처럼 글을 쓰고 있소. 그러니 알파벳을 전해준 나를 당연히 신과 등등하게 모셔야 하지 않겠소. 내가 발명자니 말이오. 내가 그저 편하게 장사하려고 알파벳을 만들었을 뿐 나중에 글 쓰는 사람들이 활용하리라는 예상은 전혀 못 했을 것이라고 당신은 분명 생각할 것이오. 내게는 간단하고 신속한 표기 체계가 필요했소. 기꺼이 이웃 민족들로부터 문자 체계를 빌려 썼지. 뭐든 내게 맞는다 싶으면 가져오기를 꺼리지 않았으니 말이오. 난 독창성이 뛰어난 사람은 아니기에, 언어는 셈족 계열의 언어를 가져왔고, 조각은 이집트식이면서 바빌론 양식을 빌려왔소. 내 손에 잡히는 쓰기 좋은 글자 체계가 있었다면 알파벳을 직접 만들어내지도 않았을 것이오. 잘 알지도 못하면서 요즘 사람들이 히타이트족이라 이름 붙인 민족이 쓰던 쐐기 문자나 이집트 사람들의 상형 문자는 나의 필요를 충족시키지 못했소. 모두 복잡하고 시간이 걸리는 기록 체계였소. 신전의 벽을 가로질러 기록을 남기거나 묘지를 장식하는 데 적당할지 몰라도 상인의 기록판에 사용하기에는 적당하지 않았소. 축약하고 갈겨

써도 이집트 서기관들이 쓰던 그 글자는 여전히 일차적 형태에 육중하고 어색하며 불분명한 부분이 있었소. 체계 전체가 별로였소. 아무리 단순화해도 상형 문자는 상형 문자일 뿐이오, 다시 말해 엄청나게 헷갈리는 문자 체계란 말이오. 완전한 형태건 축약한 형태건 이집트인들이 개념을 설명하는 기호와 소리를 나타내는 기호를 뒤섞어 사용한 사실을 당신도 알고 있을 것이오. 영감이 번득 떠올라 셀 수 없이 많은 기호 중에서 스물두 개를 택해 스물두 글자로 된 알파벳을 구성했소. 각 기호가 단일한 소리 한 가지에 해당했소. 그들을 조합하면 신속하고 쉽게 모든 소리를 충실히 재현할 수 있는 문자가 되었소. 정말 놀랍지 않소?"

"아, 분명 놀라운 일입니다. 그리고 당신이 생각하는 것보다 훨씬 놀라운 일인 것도 맞습니다. 우리는 당신에게 가늠하기조차 어려운 큰 선물을 빚졌습니다. 알파벳이 없었다면, 좀 섬세한 생각이라든지 추상이나 미묘한 철학에서 출발한 담화를 정확히 기록하거나 어떤 문체를 남기는 일도 불가능했을 테니 말입니다. 파스칼이 『시골 친구에게 보내는 편지』[15]를 쐐기 문자로 쓰는 상상을 하는 것은 올림포스의 제우스 조각상을 바다표범이 만들었다고 하는 것만큼이나 말이 안 됩니다. 무역상의 장부를 기록하려고 만든 페니키아의 알파벳은 전 세계에서 생각을 기록하는 꼭 필요하면서도 완벽한 도구가 되었습니다. 알파벳의 변천사는 인간 지성사의 발전과 깊은 연관이 있기도 합니다. 당신이 발명한 알파벳은 비록 불완전하지만 무한히 아름답고 소중합니다. 불완전하다고 말하는 이유는 당신이 모음에 대해 생각하지 않았기 때문인데, 천재적인 그리스 사람들이 이 부분을 보완했습니다. 세상에서 그리스인들이 맡은 역할은 뭐든 완벽의 경지까지 발전시키는 일이었으니까요."

"모음에 대해서라면 할 말이 있소. 나는 항상 모음의 발음을 뭉그러뜨리고 또 뒤섞는 버릇이 있었소. 이미 오늘 밤 나와 이야기를 나누며 눈치챘을 것이오. 이 나이 든 카드모스가 웅얼거리며 말한다는 사실을."

"그 정도는 눈감아줄 수 있습니다. 그리고 그 아버지 이나코스가 부싯돌로 깎은 사슴뿔을 왕관으로 쓴 야만족의 족장이었다고 하니, 이오를 납치한 사건도 뭐 그냥 넘어갈 수 있습니다. 심지어 정숙하고 안 된 보이오티아인들에게 바쿠스 신전의 무녀들

---

15 아나톨 프랑스는 흔히 통용되는 짧은 제목 『Les Provinciales』이라 적었다. 위의 한글 제목으로 국내에서 2011년 완역 출간되었다. 원제는 『루이 드 몽탈트가 어느 시골 친구와 예수회 소속 신부들에게 예수회의 윤리와 정책에 관해 쓴 편지(Lettres écrites par Louis de Montalte à un provincial de ses amis et aux RR. PP. Jésuites sur le sujet de la morale et de la politique de ces Pères)』이다. 예수회의 전횡을 비판하는 내용을 담고 있다. 프랑스 근대 산문의 출발점이라고도 불리며 이 책에서 몇 번 언급된 계몽철학자 장 자크 루소에게 깊은 영향을 준 프랑스 문학사, 사상사의 주요 작품이다.

이 추는 광란의 춤을 알려준 것에 대해서도 용서할 수 있습니다. 모두 그냥 넘어갈 수 있습니다. 그리스에, 그리고 전 세계에 스물두 개의 페니키아 알파벳 문자라는 역사상 가장 소중한 부적을 전해준 업적만으로도 말입니다. 이 스물두 글자가 전 세계 알파벳의 기원입니다. 그 알파벳들을 고정하고 보존해야만 세상의 생각이 살아남습니다. 신성한 카드모스여, 그대의 알파벳에서 유럽의 모든 문자 체계가 나왔습니다. 당신의 알파벳에서 심지어 모든 셈족의 언어 계열 글자 체계가 나왔습니다. 아람어나 히브리어에서 고대 시리아어와 아랍어에 이르기까지 말입니다. 게다가 페니키아 알파벳은 힘야르 문자[16]와 에티오피아 문자의 조상이기도 하고, 중앙아시아 알파벳의 조상이며, 젠드어, 팔라비어, 심지어 나중에 데바나가리 문자 및 모든 남아시아 문자의 기원이 되는 인도 알파벳의 조상이기도 합니다. 이 얼마나 대단한 행운이며 전 세계적인 성공인지! 지금도 전 세계를 통틀어 카드모스의 글자 체계에 영향을 받지 않은 단일 형태의 문자는 하나도 없습니다. 세상 누구든 글자 하나를 기록하는 행위는 고대 가나안 상인들에 대한 헌정입니다. 이 생각을 하면 카드모스여, 당신에게 가장 높은 경의를 표하고 싶어집니다. 알파벳의 창시자여,

---

16 고대 그리스인들이 예멘 남쪽의 고원 지대에 살던 사람들을 부르던 말이며 그들의 왕국을 의미하기도 한다.

위대한 카드모스여,[17] 한밤중에 나의 서재에서 이렇게 시간을 보내준 것에 대해 어떻게 감사를 표해야 할지 모르겠습니다."

"친애하는 그대여, 너무 흥분하지 마시오. 나의 하찮은 발명에 나도 충분히 만족하오. 하지만 당신을 기분 좋게 해주려고 방문한 것은 아니오. 헛된 혼령의 신세가 된 후로는 무료해서 죽을 지경이오. 주석이건, 금가루건, 상아건 장사를 할 수도 없고 말이오. 나의 먼 후예로 스탠리[18]가 있기는 하나, 나는 그저 가끔 내 존재에 관심을 가질 것 같은 몇몇 학자들이나 호기심 많은 이들을 만나 이야기하는 것으로 만족해야 하니 말이오. 저기 수탉이 우는 소리가 들리는군. 이제 안녕히 계시오. 그리고 부자가 되도록 노력하시오. 세상의 유일한 선은 부(富)와 권력뿐이오."

그는 이렇게 말하고 사라졌다. 서재에 켜둔 등불도 이미 꺼진 지 오래였고, 밤의 한기가 엄습해 나는 심한 두통을 느꼈다.

---

17 여기에서 아나톨 프랑스는 Ba'al Cadmus라는 표현을 썼다. 바알은 고대 근동어에서 주인, 어르신, 지도자 등의 뜻을 가진 단어인 동시에(영어의 Lord에 해당), 그 당시 가나안 지역 사람들이 섬긴 다산과 풍요의 신이기도 하다. 성경에서도 언급되는 대표적인 우상 숭배의 대상이다.

18 아프리카 탐험으로 유명한 영국의 언론인이자 탐험가인 헨리 모튼 스탠리 (1841~1904)를 말하는 것으로 추정된다.

여성들의 커리어*

* 프랑스어 원본에는 별도의 제목이 없지만, 영문번역본에서는 이 제목을 쓰고 있다.

여성 과학자들을 상당히 나쁘게 바라보는 보드빌 작가들의 의
견에 나는 동의할 수 없다. 만약 과학에 소명을 띤 여성이 있다
면, 자기 길을 걸어가는 그녀를 무슨 권리로 비난하겠는가? 가
사나 가족을 돌보는 일 대신 묵묵히 대수학을 공부하고 형이상
학을 고찰하는 길을 선택한 고결하고 온화하며 현명한 소피 제
르맹[1]을 어떻게 비난하겠는가? 기독교처럼 과학에도 자신만의
동정녀와 여성 집사가 있어야 하지 않을까? 세상 모든 여성을

1　Sophie Germain, 1776~1831. 프랑스 물리학자이자 수학자이며 철학자. 부
　모님의 반대와 여성 과학자에 대한 당대 사회의 거부감에도 불구하고 공부
　를 계속해 탄성 연구와 수론에 큰 업적을 남겼다.

교육하려는 시도가 비합리적이라면, 여성들이 고도로 사색하는 길을 모두 막으려는 시도는 훨씬 더 비합리적이지 않은가 싶다. 완전히 현실적인 시각에서 생각하면, 어떤 면에서 여성에게 학문은 소중한 자산이 아닌가? 오늘날 필요한 숫자보다 여성 초등학교 교사가 많다는 이유만으로, 어리석기 짝이 없는 교육 과정이나 불공정한 임용 고시 응시를 무릅쓰고 교육계에 투신하는 젊은 여성들을 비난해야 하는가? 여성들이 아픈 이들을 돌보는 데 대단한 능력을 지닌 것은 모두가 잘 알고 있다. 여성은 언제든 위안을 주고 회복을 가져오는 존재로 우리 사회에서 산파와 간호사가 되어준다. 그러니 산파와 간호사가 되기 위해 꼭 필요한 최소한의 교육에 만족하지 않고, 의학 공부를 더 해서 의학 박사가 되려는, 자신들의 위엄과 권위를 신장시키려는 여성들을 어찌 칭송하지 않을 수 있는가?

프레시외즈[2]나 현학적인 여성을 과도하게 혐오해서는 안 된다. 물론 현학적인 여성만큼 끔찍한 것도 없다. 그래도 프레시외즈는 좀 구별할 필요가 있다. 상류사회의 거드름이 여성에게 항상 부적절한 것도 아니고, 말을 우아하게 잘하려는 의지 때문

---

2 Les Précieuses, 17세기 프랑스 문학에서 재치 있고 세련된 취향, 귀부인 취향의 문학을 la Préciosité라고 하며 그런 취향의 여성들을 프레시외즈라고 하는데, 이 단어의 뜻에는 젠체하고 겉멋이 들었다는 의미도 있다.

에 여성이 타락하지도 않는다. 만약 마담 드 라파예트[3]가 프레시외즈라면—당대에는 그렇게 생각했다—나로서는 프레시외즈를 미워할 이유가 전혀 없다. 가정주부의 가식이건 문인의 가식이건 모든 가식은 가증스러운 법이고, 여성들이 오직 요리와 옷수선만 하는, 프루동[4]이 꿈꾸던 사회에는 별로 낙이 없어 보인다. 연극 활동이 책 집필보다 여성에게 어울리는 영역이므로 연기를 할 때 더 매력적이라고 기꺼이 말할 수 있다. 그렇다고 해서 글을 쓸 줄 아는 여성이 일상에 방해가 되지 않는 선에서 펜을 드는 것이 잘못은 아니다. 글을 쓰기 위해 기억을 더듬는 시간으로 고통스러운 첫발을 내딛는 순간, 잉크통이 그녀의 친구가 되어줄 테니 말이다. 남성들만큼 글을 잘 쓰지는 못해도 여성들은 남자들과 다르게 글을 쓴다. 그들만이 부여받은 천부적인 재능을 종이에 남긴다. 개인적으로 나는 알아보기 어려울 정도의 작은 글씨로 작품을 남긴 캘뤼스 후작 부인과 스탈 들로네

---

3 라파예트 백작 부인(Madame de La Fayette, 1634~1693). 프랑스 소설가, 문인으로 프랑스 문학사에서 심리 소설의 시초로 여겨지는 『클레브 공작부인』을 썼다. 당대의 문인들이 그녀의 살롱에 드나들었다.

4 피에르 조제프 프루동(Pierre-Joseph Proudhon, 1809~1865). 프랑스 철학자이자 정치가며 언론인이다. 마르크스나 톨스토이와도 교류한 상호주의 사상가로 사유 재산을 악의 근원으로 규정했으며 가톨릭교회와 프랑스 제정도 비판했다. 여성과 관련해서는 철저한 가부장적 태도를 보였다. 무정부주의의 아버지라 여겨지는 인물이기도 하다.

부인[5]에게 감사할 따름이다.

지식이 여성들의 도덕 체계에 일종의 이물질 혹은 방해 요소로서, 또는 가늠할 수 없는 세력으로서 작용한다고 생각하는 것은 인간의 상상 중에서도 가장 비철학적이다. 하지만 젊은 여성들을 교육하고자 하는 생각이 자연스럽고 정당하다 해도, 그 방법에서는 우리가 정말 뭔가 크게 잘못하고 있음이 분명하다. 다행히도 이제 사람들이 오류를 깨닫기 시작했다. 과학은 인간과 자연을 연결해주는 역할을 한다. 여성들도 우리처럼 지식의 일부를 필요로 한다. 여성을 대상으로 한 교육론을 따르다 보면, 여성들이 전 우주와 맺는 관계를 확대하기는커녕 오히려 분리해 자연에서 제외된 존재로 만들어 버린다. 우리 사회는 여성들에게 대상 자체가 아니라 단어들만을 가르쳤다. 그 자체로는 아무 의미도 없는 역사와 지리와 동물학의 온갖 명명법을 외우게 했다. 여성이라는 순수한 창조물은 이 불공평한 교육과정의 짐을 져왔다. 아니, 유식한 체하는 이들의 바벨탑처럼, 민주주의의 오만과 부르주아식 애국심이 쌓아 올린 형편없는 교육과정

---

5 캘뤼스 후작 부인(Madame de Caylus, 1673~1729)과 스탈 남작 부인(Madame de Staal-Delaunay, 1684~1750)을 말한다. 동시대를 살았던 프랑스의 문인이자 회상록의 저자들이다. 후자의 경우 프랑스 문학사에 발음이 같은 저명한 낭만주의 소설가이자 비평가인 스탈 부인(Madame de Staël, 1766~1817)이 있으나 이름의 철자와 활동 시대가 다르다.

이라는 보다 무거운 짐에 시달렸다.

그 아는 체하기 좋아하는 이들은 시작부터 잘못된 가정에서 출발했다. 그들은 모든 국민이 똑같은 내용을 알아야만 비로소 학식 있는 민족이 된다고 생각한다. 이는 각자의 역할이 다양하므로 알아야 할 지식의 종류도 다양해야 함을 부정하는 것과 같으며, 의사들이 알아야 할 지식이 상인들에게도 유익하다고 보는 것과 같다. 이런 생각 때문에 잘못된 일이 만연할 수밖에 없다. 특히, 점점 더 심한 잘못을 낳는다. 전문적인 학문의 내용을, 그 학문의 적용이나 이론 연구와 상관없을 운명의 사람들에게도 유용한 지식이라고 생각했으니 말이다. 예를 들어 해부학이나 화학의 전문 용어들이 그 자체로 특유의 가치가 있다고 믿었기에, 외과 의사나 화학자들이 사용하는 방식과는 별개로 용어들을 배우는 데 관심을 가졌다. 룬Rune 문자[6]로 글을 쓰던 고대 스칸디나비아 사람들은 입 밖에 한 번 내뱉는 것만으로도 태양을 꺼뜨리고 지구를 산산조각 내버릴 힘을 가진 단어가 있다고 생각했는데, 그 같은 신화 속 생각만큼이나 말이 안 되는 미신이라고 할 수 있다.

앞으로 들을 일도 말할 일도 없는 외국어 단어를 아이들에게

---

6 고대 게르만어 계열의 문자 체계로 이후 스칸디나비아 계열과 앵글로색슨 계열로 분리 발전했다.

가르치는 저 교육 이론가들을 생각하면 가엾어 웃음이 난다. 그 젠체하는 선생들은 그렇게 함으로써 지식의 요소들을 가르치고 여자아이들에게 모든 것을 명확하게 바라보는 능력을 심어준다고 떠든다. 하지만 결국 그 방법으로는 모든 지식의 그림자만을 가르치는 셈이라는 것을, 그리고 어린 두뇌에, 아직은 유연하고 가벼운 두뇌에 생각을 심어주기 위해서는 그와는 전혀 다른 방법론을 써야 한다는 것을 모르는 사람이 어디 있는가? 몇 마디 단어를 들어 하나의 학문의 큰 주제들을 알려주어라. 몇 가지 놀라운 사례를 들어 결과에 주목하게 하라. 일반론을 가르쳐라. 그리고 철학자가 되어야 한다. 당신의 철학을 아주 잘 숨겨 당신에게 배우는 모든 학생이 선생님이 자신들만큼이나 단순한 사람이라고 믿게 하라. 전문 용어는 사용하지 말고, 평범한 사람들이 쓰는 말로 상상력을 자극하라. 지성을 만족시키는 몇 가지 중요한 사실들만 알려주어라. 당신이 하는 말은 순진하고 원대하며 여유가 있어야 한다. 너무 많은 지식을 전달하려 애쓰지 마라. 그저 호기심을 자극하고 아이들의 사유 정신을 여는 데서 멈추어야 하며, 과한 주입을 해서는 안 된다. 불씨만 살짝 붙여 놓길. 그 불씨로부터 불이 붙을 곳에는 자연히 불이 붙기 마련이다.

만약 불씨가 꺼진다면, 즉 어떤 이들의 지성이 그저 암흑의 상태로 남는다고 해도 그들의 지성을 통째로 태워버린 것은 아니다. 우리 중에는 언제든 무지한 이들이 있기 마련이다. 타고난 모든 본성을 존중해야 하며, 단순한 사람들은 그냥 그렇게 내버려 두어야 한다. 특히, 대부분 총체적인 아이디어나 기술적 지식의 영역 밖에 있는 일을 하게 되는 여자아이들에게 이런 접근 방식이 필요하다고 생각한다. 여자아이들이 받는 교육은 무엇보다 조심스럽고 온화한 권유의 형태를 띠기 바란다.

기적에 관하여

"증명된 적 없으니 기적은 없다"라고 함부로 말해서는 안 된다. 언제라도 정통파 신도들이 더욱 완전한 설명을 요구할지도 모른다. 오늘이든 내일이든 기적을 확증할 수 없음이 진리다. 기적을 확증한다는 말은 성급한 결론을 낸다는 뜻이기 때문이다. 자연이 품고 있는 모든 개체는 자연의 법칙을 따른다는 진리를 우리는 내면 깊숙이 자리한 직감으로 느낀다. 그 법칙을 우리가 이미 알고 있든 아직 미지의 영역에 있든 말이다. 하지만 그와 같은 직감을 억누른다 해도 절대 "저 사실은 설명이 가능한 영역 밖에 있다"라는 말은 섣불리 할 수 없다. 우리가 탐험한 세계는 결코 설명 가능한 자연의 영역 밖일 수 없으니 말이다. 지식의 경계를 넘어서는 성질이 기적의 정수라면, 기적을 인정하는 모든 교리는 인간이 인지할 수 없는 증인을 기적의 근거로 내세운다. 그러니 세상이 끝날 때까지 그 증인은 우리 눈앞에 나타나지 않을 것이 뻔하다. 기적은 유치한 개념이어서 인간의 지성이 자연에서 벌어지는 일을 체계적으로 이해하기 시작하면 더는 유지되기 어렵다. 그리스 현자들은 그런 생각을 견딜 수 없어 했다. 히포크라테스는 간질에 대해 "이 질병은 신성하다. 하지만 사실 모든 질병은 신성하며, 모두 신들에게서 온다"라고 말한 바 있다. 그는 자연주의 철학에 근거해 발언했다. 오늘날 인간의 이성은 그보다 덜 단호하다. 무엇보다, 사람들이 "나는 기적을 믿지 않아. 한 번도 증명된 기적을 본 적이 없거든"이라고 말할 때 나는 가장 많이 화가 난다.

8월에 루르드[1]에 다녀올 일이 있어 루르드의 유명한 동굴을 방문했다. 그곳에는 치유의 흔적으로 셀 수 없이 많은 목발이 매달려 있었다. 나와 동행한 이가 완치의 기념물들을 손가락으로 가리키며 내 귀에 이렇게 속삭였다.

"저것들 대신 의족 하나만 걸어 두면 더는 말이 필요 없을 텐데."

맞는 얘기지만, 철학적으로 말하면 나무 의족이 목발보다 가

---

1 Lourdes. 가톨릭 성지 중 하나로 프랑스 남부에 위치한다. 19세기 중반 성모 마리아가 발현한 장소로 유명하며 매년 수백만 명의 순례자가 방문한다.

치 있는 증거는 아니다. 진정으로 과학 정신을 가진 이는, 수영장에서건 어디에서건 누군가의 절단된 다리가 갑자기 다시 자라난 현상을 목격한다 해도 "이런 기적을 보라!"라고 말할 리 없다. 그는 "지금까지 없던 일을 관찰하게 되었다. 아직 확실히 파악되지 않았지만, 특정 조건에서 인간의 다리 조직이 바닷가재의 집게발이나 가재 발 아니면 도마뱀의 꼬리처럼, 하지만 훨씬 빠른 속도로 재생하는 성질이 있다는 증거를 목격했다. 이는 우리가 알고 있는 여러 자연 현상과 대조되는 자연 현상임이 분명하다. 이런 모순은 오직 우리의 무지에서 기인한다. 동물 생리학은 재정립되어야 한다. 아니, 정확히 말하면 지금까지 제대로 정립된 적이 없다. 인체 내 혈액 순환이라는 개념을 이해한 지도 불과 200년밖에 안 되었고, 호흡이 무엇인지도 1세기 전에 알아냈을 뿐이다"라고 설명할 것이다.

이렇게 말하려면 단호해야 한다는 사실에 물론 동의한다. 하지만 학자라면 쉽게 놀라서는 안 된다. 게다가 어떤 현인도 이런 증거를 맞닥뜨린 적이 없고, 이런 유의 초자연적인 현상을 염려할 필요도 없다. 의사들이 분명히 확인한 기적적인 병의 치유는 생리학으로 아주 잘 설명된다. 지금까지 성인들의 묘소나 신성한 능력을 갖춘 것으로 알려진 동굴과 샘물을 방문함으로써 치유를 체험한 사례는 어차피 치료가 가능한 질병이거나 일시적이지만 즉각적인 차도를 보일 가능성이 있는 병을 가진 사람들에게서만 나타났다. 하지만 죽은 자가 살아난다 해도, 삶이 무엇이고 죽음이 무엇인지 정확히 알아야만 그 사건을 기적이라 할 수 있을 텐데, 우리는 삶과 죽음을 명확히 구분할 수 없지 않은가.

우리는 기적을 '자연의 법칙에 어긋나는 일'이라고 정의한다. 하지만 자연의 모든 법칙을 알 수는 없다. 그러니 어떤 현상이 자연의 법칙에 어긋나는지 어떻게 판단할 수 있겠는가?

"하지만 그중 몇 가지 법칙들은 알고 있지 않소?"[2]

"그렇습니다. 몇 가지 사물의 관계를 우연히 알아냈습니다. 하지만 자연의 법칙은 연쇄적입니다. 자연의 모든 법칙을 알지는 못하므로 결국 아무것도 모르는 것과 다름없습니다."

"적어도 우리가 알게 된 자연 현상의 관계 중에서 기적을 목격할 수도 있지 않을까요."

"철학적으로는 확신을 가지기 어렵습니다. 게다가 우리의 지식 중에서도 가장 고정되고 가장 일정하다고 파악된 일련의 현상들이야말로 기적의 방해를 받기 가장 어려운 영역이라고 봅니다. 예를 들어, 기적은 천체 역학 분야에서 뭔가를 시도하지 않습니다. 천체의 흐름에 영향을 주는 일은 절대 없고 계산 가

능한 식識을 늦추거나 앞당기는 기적은 일어나지 않습니다. 오히려 그와는 정반대로 내과 증상과 관련된 미지의 영역에는 기꺼이 출연합니다. 특히, 신경계와 관련된 질병에 가장 즐겨 나타납니다. 하지만 원칙의 문제에다 한 가지 현상에 대한 문제를 뒤섞지는 맙시다. 이론적으로 보면 학자는 초자연적인 현상을 확증할 재간이 없습니다. 그런 확증은 자연에 대한 온전하고 절대적인 지식을 전제로 하는데, 학자에게는 그런 지식이 없고 앞으로도 그런 지식을 가진 자는 결코 없을 테니까요. 세상 누구도 자연에 대해 완전한 지식을 가진 적은 없습니다. 우리 시대가장 뛰어난 안과 의사가 눈이 안 보이는 사람을 기적적으로 치료했다 해도 믿을 수 없고, 안과 의사도 아닌 마태와 마가 성인이 그런 기적을 행했다는 기록 또한 믿을 수 없으니 말입니다. 기적이라는 말의 정의 자체가 알기 어렵고 알 수도 없다는 뜻을 담고 있습니다."

학자라면 어떤 경우에도 어떤 현상이 우주의 질서—즉, 미지의 신의 영역—에 모순되는 일이라고 확언해서는 안 된다. 신조차도, 자신이 창조한 세계에서 흔히 벌어지는 일과 특별한 현상들 사이의 미세한 차이점을 겨우 증명해야만 비로소 그렇게 말할 수 있을 것이다. 가끔은 자기 작품에 소심하게 손질을 해야한다는, 자기가 만들어낸 세상이라는 묵직한 기계가 그럭저럭 굴러가려면 늘 창조자의 손길이 가야 한다는 부끄러운 고백이 있고서야 신도 그 같은 확실한 발언을 할 수 있을 것이다.

그와 반대로 과학은 과학과 동떨어진 듯한 현상을 실증 과학의 자료로 설명하는 데 능하다. 다행히도 과학을 통해 오랫동안 신비로운 일로 여겨졌던 몇몇 현상들을 생리학적인 원인으로 설명해내는 훌륭한 성과가 가끔 있었다. 프랑수아 파리[3] 부사제의 묘소에서, 혹은 종교적으로 의미 있는 다른 장소에서 골수의 병이 기적적으로 치유되었다는 증언이 있었다. 이제 그런 치유의 사례는 놀라운 일이 아니다. 때에 따라 척추에 상처가 난 것과 신경증이 유사한 증상을 보인다는 사실이 과학적으로 밝혀졌기 때문이다.

복음서에서 동방 박사라고 부르는 인물들 앞에 하늘에 새로운 별이 나타난 사건은 물론 중세 천문가들에게는 기적 같은 일이었다. (나는 그 사건을 역사적 사실이라고 생각한다) 별들이 박혀 있는 천체 세계는 어떤 부침도 겪지 않는다고 믿던 시기였기 때문이다. 하지만 사실이든 전해지는 이야기든 동방 박사가 보았다는 별은 더는 기적이 아니다. 이제 우리는 하늘에서 끊임없

---

3 François Pâris, 1690~1727. 프랑스 가톨릭 부사제diacre로 금식과 고행으로 일찍 세상을 떠난 후 그의 묘지 앞에서 병이 치료되었다는 소문이 돌면서 사람들이 몰려들었다. 소란을 막기 위해 1732년 국가에서 묘지를 폐쇄하는 일까지 있었다.

이 저 우주의 별들이 태어났다 소멸하기도 한다는 사실을 알기 때문이다. 1866년에는 심지어 북쪽 하늘 왕관자리에 갑자기 별 하나가 나타나 한 달 동안 반짝이다 사라져버린 사건도 있었다.

그 별은 구세주를 알리는 별이 아니었다. 그저 우리로부터 무한히 멀리 있는 그 별에서 엄청난 동란이 일어나 며칠 만에 그곳 세상을 집어삼키고 있음을 의미한다. 아니, 이미 집어삼킨 신호로 보아야 한다. 천체에서 벌어진 재난을 알리는 빛은 별을 떠나 이미 5백 년, 혹은 그보다 오랜 시간을 날아왔을지도 모르니 말이다.

볼세나의 기적에 대해서도 들어보았을 것이다. 바티칸 사도 궁전에 라파엘로의 그림으로 남아 있기도 한 사건이다. 의심에 찬 어느 신부가 미사를 집전하고 있었다. 영성체를 위해 면병을 조각내자 그곳에 핏방울이 맺혔다. 불과 10년 전만 해도 학술원 회원들은 도대체 이 이상한 현상을 어떻게 설명해야 할지 난감했다. 하지만 이제 그런 일은 없었다고 애써 부인할 이유조차 사라졌다. 현미경을 이용해, 밀가루나 반죽에 군집한 균류가 응고된 혈액과 유사하게 보인다는 사실을 알아냈기 때문이다. 이 사실을 발견한 학자는 바로 이 균류가 볼세나 성당 미사 때 면병에 보인 핏자국이라고 바른 판단을 했고, 그래서 이를 경이로운 구균micrococcus prodigiosus, 球菌이라 명명했다.

인간의 과학이 미처 발견하지 못한 세균, 별 혹은 질병은 얼마든지 남아 있다. 그렇기 때문에 영원할 무지의 이름으로 모든 기적을 부정해야 한다. 대신 볼세나의 면병이나 동방 박사를 인도한 별, 간질 병자의 치유와 같이 세상에서 가장 놀라운 신비로운 현상들에 대해 "그런 일이 없을 수도, 있을 수도 있다. 그리고 만약 그런 일이 있다 해도 그 또한 자연 안에서 발생하는 사건이니 당연히 자연스러운 현상이다"라는 태도를 견지해야 한다.

카드로 지은 성

미학이 의심스러운 이유는 모든 것이 논리로 증명되기 때문이다. 엘레아의 제논[1]은 날아가는 화살이 부동 상태임을 논리로 증명했다. 솔직히 좀 더 어렵기는 하지만 논리를 통해 그 반대를 증명할 수도 있다. 논리는 증거 앞에서 흔들리기 마련이고, 우리가 이미 진실이라고 생각하는 바를 제외한 모든 대상이 증명 가능하기 때문이다. 복잡한 주제에 관한 논증은 오직 그 논증을 펼친 사람의 지력을 증명해줄 뿐이다. 이 원대한 진실에 대해 사람들은 일말의 의심을 품어야만 한다. 인간은 절대 논리

1　제논Zénon d'Élée은 이탈리아 땅 엘레아에서 태어난 소크라테스 이전 시대의 철학자다. 운동불가능론을 주장했고, 변증법의 발견자로 여겨지기도 한다.

로 자신을 다스리지 못하기 때문이다. 다만 본능과 감정이 인간을 이끈다. 인간은 본능과 감정이 가져오는 열정에, 사랑과 증오에, 무엇보다 구원과 관련된 공포감에 굴복한다. 인간은 철학보다 종교를 선호하고, 오직 자신의 나쁜 행동과 못된 성향을 정당화하기 위해서만 논리를 내세운다. 비웃음을 사도 마땅하지만, 용서할 수 있는 부분이다. 대체로 가장 본능적인 행동을 할 때 인간은 가장 성과를 잘 내며, 그 본능에 기반해 자연에서는 생이 보존되고 종의 영속성이 보장된다. 철학 이론들은 선구자들의 천재성 덕분에 번성했다. 비록 우세한 자리에 선 철학체계 중 독특한 진리의 특성을 보인 체계가 과연 있는지 우리가 알 방법은 없지만 말이다. 도덕론에서도 내놓을 수 있는 모든 의견이 이미 개진되었다. 그중 다수의 의견이 합의를 이루는 이유는 도덕론자들이 대부분 대중의 감정과 일반적인 본능을 거스르지 않으려고 신경 썼기 때문이다. 만약 도덕론자들이 순수 이성에만 신경 썼다면, 일부 이단 종교에서처럼 순수 이성이 여러 행로를 거쳐 그중에서도 가장 끔찍한 결론에 도달하게 했을 것이다. 이단 종교의 창시자들은 고독하게 은거 생활을 하던 끝에 한껏 고양된 상태이므로, 다수의 다른 사람들이 사실 별생각 없이 합의하는 세상의 규율을 무시한다. 이런 카인 숭배 종파는 논리를 잘 펼치는 듯 보인다. 그들은 창조 자체를 악한 행위로 규정함으로써 신도들에게 세상의 물리적이고 도덕적인 규범들을 어기도록 종용한다. 특히, 카인과 가롯 유다처럼 세상이 죄지은 자로 규정한 이들을 모범으로 삼으라고 한다. 이런 이단은, 논리만큼은 제대로 폈을지 몰라도 도덕성은 아주 고약하다. 그런데 모든 종교의 바탕에는 우리를 구원하는 신성한 진리가 자리한다. 바로 인간에게 어떤 논리보다 확실한 인도자 역할을 하는 마음의 소리를 들어야 한다는 것이다.

미학에서, 즉 뜬구름 잡는 이야기를 하려고 들면, 우리는 어떤 분야에서보다 더 많이, 더 잘 논리를 펼칠 수 있다. 그곳을 가장 의심해야 한다. 바로 그 점에서 미학을 경계해야 한다. 무관심이든 편파심이든, 냉정함이든 열정이든, 지식이든 무지든, 예술, 정신, 섬세함, 그리고 술수보다 오히려 위험한 순수함까지 말이다. 특히, 아름다운 궤변일수록 미학에서는 조심해야 한다. 경탄할 만한 미학의 궤변이 분명 있기 때문이다. 당신은 심지어 수학적인 정신 또한 믿지 못할 수도 있다. 그렇게 완벽하고 숭고하지만 너무 섬세하기에, 수학 정신은 오직 진공 상태에서만 작동이 가능하다. 그 톱니바퀴에 모래알 하나라도 들어가면 완전히 고장이 나버린다. 수학적인 두뇌에 모래 한 알이 어떤 문제를 일으킬지 상상하면 온몸이 부르르 떨릴 지경이다. 파스칼의 경우를 생각해보라.

미학에는 견고한 바탕이 전혀 없다. 공중에 떠 있는 성과 같다. 사람들은 미학을 윤리에 근거해 이해한다. 하지만 윤리는 존재하지 않는다. 사회학도 없다. 생물학도 마찬가지다. 학문의 완성이라는 개념은 오직 오귀스트 콩트의 머릿속에만 존재한다. 그의 저서는 예언서나 마찬가지다. 아마도 수백만 년 후의 이야기일 테지만 생물학이 완성되면 그때 사회학도 누군가가 완성할 수 있을지 모른다. 수 세기가 걸려야 이루어질 일이다. 그때라면 탄탄한 바탕에 심미를 논하는 학문의 창시가 허용될 수도 있다. 하지만 그때가 되면 우리가 사는 지구도 이미 너무 나이 들어 생의 종말을 앞두고 있을 것이다. 지금도 표면의 흑점들이 충분히 걱정스러운 태양이 컴컴한 재로 반쯤 뒤덮인 어둡고 거무스름한 매연을 내뿜는 붉은 덩어리에 불과하게 되어 있을 먼 미래의 이야기다. 지상에 살아남아 탄광 깊은 곳에 자리 잡은 마지막 인류는 미의 진수에 대해 논하기보다 어두컴컴한 공간에서 마지막 남은 석탄을 태워야 할지 말아야 할지를 걱정하는 신세가 되어, 종국에는 영원히 얼어붙은 심연으로 사라질, 바로 그런 미래에나 가능한 일이다.

보통 전통과 보편적인 동의를 기반으로 비평한다고 이야기한다. 하지만 그런 가치는 존재하지 않는다. 보편적으로 사람들의 사랑을 받는 작품들이 있는 것은 사실이다. 하지만 그것은 선입견에 의해서지 개개인의 선택이나 자발적인 선호 의견이 모여 이룬 합의는 아니다. 모두가 경탄해 마지않는 작품은 사실 아무도 제대로 들여다보지 않는다. 소중하다고는 하나 짐짝 취급을 받는 그런 작품을 사람들은 제대로 들여다보지도 않고 다음 사람에게 떠넘긴다. 당신은 정말 고대 그리스나 로마, 심지어 프랑스의 고전을 평가할 때 사람들이 충분히 자유로운 의견을 나누었다고 생각하는가? 현대의 예술 작품에서도 어떤 작품에는 끌리고 어떤 작품은 꺼리는 취향이 진정 자유롭게 결정되었다고 할 수 있는가? 작품의 내용과는 별도로 작품에 대한 견해가 결정되지는 않는가? 그 '별도의 상황' 중에서도 따라 하는 능력이라는 요소가 있는데, 인간에게나 동물에게나 너무 강력하게 작용하지 않나 싶다. 모방 능력은 우리가 지나치게 길을 잃지 않게 해주고, 우리의 모든 행동에 드러나며 우리의 심미적 감각을 지배한다. 따라 하는 능력이 없었다면 예술 분야에서 사람들의 의견은 지금보다 훨씬 다양할 것이다. 이유야 어찌 되었든, 이 모방 능력 때문에 우선 몇몇 사람의 지지를 얻은 특정 작품이 이어서 점점 더 많은 이들의 표를 얻는다. 첫 몇 명의 의견은 자유롭게 형성된 견해라고 볼 수 있다. 이후로는 모두가 그저 따라갈 뿐이다. 모든 것은 아주 작은 시작에 달렸다. 처음에 멸시받은 작품이 다음에 사람들의 사랑을 받을 가능성은 거의 없음을 우리는 알고 있지 않은가. 반대로, 시대가 지나 그 작품을 이해하기 어려워진 다음에도 시작부터 찬사를 받은 작품은 오랫동안 명성을 유지한다. 선입견이 사라지면 합의도 없다는 데서 우리는 사람들의 합의가 순전히 선입견이 작용한 결과임을 알 수 있다. 그런 사례는 수도 없이 많지만 여기에서는 딱 한 가지만 말하려고 한다. 약 15년 전, 1년 복무 지원병 모집에 응시한 이들에게 군대 시험관들이 받아쓰기 문제를 냈다. 누구의 작품인지 명시하지 않은 한 페이지 분량의 예시 글은 이후 여러 신문에 회자되었다. 그 글은 아주 격렬한 비웃음을 샀고, 학식 있는 독자들을 아주 즐겁게 해주었다. "군인들은 이 바로크적이고 웃기는 문장들을 대체 어디에서 찾아냈을까?" 하고 말이다. 그런데 받아쓰기 문제에 사용한 글은 사실 아주 훌륭한 작품에서 발췌한 것이었다. 바로 미슐레[2]의 글이었다. 그것도 미슐레가 최정상에 있을 때, 최고로 멋진 글을 쓸 때의 작품이었다. 장교들이 받아쓰기 문제로 제시한 내용은 프랑스에 대한 미슐레의 묘사 부분으로, 위대한 작가 미슐레가 『프랑스사』[3] 1권을 마무리하는 글이었고, 가장 높은 평가를 받은 부분이었다. "위도로 보면 프랑스의 영토는 각지의 생산품들을 통해 쉽게 구분할수 있다. 북쪽으로는 벨기에와 플랑드르의 비옥한 저지대 평원에 아마와 유채와 홉이 자라는 밭이 자리하고, 북쪽 지방 특유의 쓴 포도밭 등이 있다." 이 문체를 비웃는 학식 있는 사람들을

---

2 쥘 미슐레(Jules Michelet, 1798~1874). 프랑스의 통사와 혁명사 분야에서 방대한 업적을 남긴 역사가다.
3 미슐레의 프랑스사는 워낙 방대해서 판본에 따라 이 사항은 다를 수 있다.

당시 내 눈으로 똑똑히 보았다. 그들은 어떤 나이든 중대장이 글을 썼다고 생각했다. 받아쓰기 문제를 놓고 가장 비웃은 이는 미슐레를 열렬히 숭배하는 사람이었다. 받아쓰기에 인용한 글 자체는 칭송받을 만하지만, 만장일치로 칭송을 끌어내려면 글의 저자를 명확히 밝혔어야 했음이 증명되었다. 사람 손으로 쓴 글이라면 뭐든 마찬가지다. 반대로 저명한 이가 추천하는 글은 맹목적으로 칭송받을 가능성이 있다. 빅토르 쿠쟁[4]이 파스칼의 글에서 숭고하다고 칭송한 내용은 나중에 필경사copiste가 실수한 부분으로 드러났다. 예를 들어 쿠쟁은 '심연의 지름길'이라는 파스칼의 개념에 찬탄을 금치 못했는데, 그의 경탄 또한 파스칼의 글을 오독한 데서 비롯되었다. 동시대 작가가 같은 표현을 한들 빅토르 쿠쟁이 찬사를 보내는 모습은 상상하기 어렵다. 브랭 뤼카[5]가 위조한 랩소디가 프랑스 과학원에서 파스칼과 데카르트의 작품으로 받아들여진 사례도 있다. 오신[6]을 고대 사람으로 생

---

4   Victor Cousin, 1792~1867. 이 책에서 나중에 다시 등장하는 프랑스 철학자로 절충주의의 창시자다.

5   드니 브랭 뤼카(Denis Vrain-Lucas, 1816 혹은 1818~1881). 프랑스의 문서 위조자.

6   오신(Ossian 혹은 Oisín)은 아일랜드 신화에서 가장 위대한 시인으로 여겨지는 인물이다. 스코틀랜드의 시인 제임스 맥퍼슨은 1760년부터 오신이 화자인 서사시를 발표하면서 스코틀랜드 게일릭어로 전해져 내려오는 고대의 전설과 서사시를 번역했을 뿐이라고 주장했다. 하지만 오신의 서사시는 사실

각하던 시절에는 호메로스와 동급으로 평가했지만, 맥퍼슨이라는 사실이 밝혀진 후에는 작품 자체가 그저 멸시받는 신세가되었다.

사람들이 공통으로 감탄하는 대상이 있는데, 그 감탄의 이유가 다 다르다면 합의는 곧 불화로 바뀐다. 한 권의 책에서도 사람들은 같이 있을 수 없는 모순되는 내용을 주장한다. 『햄릿』, 『신곡』 혹은 『일리아드』처럼 인류가 가장 관심을 두었던 명저에대한 비평이 시대에 따라 어떻게 달라졌는지 서술한 역사책이있다면 정말 흥미로우리라. 오늘날까지도 『일리아드』의 야만적이고 원시적인 주인공을 우리는 선의로 받아들이며 빠져든다. 17세기만 해도 사람들은 호메로스가 서사시의 원칙을 고수했다고 칭송했다. 부알로[7]는 "호메로스가 개라는 단어를 썼다면 그리스어에서 그 말이 고상한 단어였기 때문일 것이라는 점을 의심해서는 안 되오"라고 적었다. 우리 시대에 와서 이런 생각은그저 말도 안 되게 여겨진다. 우리의 생각도 아마 2백 년이 지나면 웃음거리에 지나지 않을 것이다. 왜냐하면, 영원한 진리의

맥퍼슨이 18세기 당시에 창작한 것으로 보는 견해가 여러 연구를 통해 학계정설이 되었다.

7 Nicolas Boileau, 1636~1711. 프랑스 시인이자 비평가로 프랑스 고전주의를집대성했다.

반열에 올려놓을 수 있는 것은 오직 호메로스가 야만적이라는 점과 야만이 경탄할 만하다는 점뿐이니 말이다. 문학에서 쉽게 반대 의견으로 반박할 수 없는 견해는 있을 수 없다. 비범한 플루트 연주 거장들 사이의 논쟁에는 누가 종지부를 찍을 것인가?

그렇다면 미학이든 비평이든 모두 그만두어야만 하는가? 내 말은 그런 뜻이 아니다. 하지만 비평이 예술임을 알아야 하고, 그렇기에 열정과 매력 없이는 예술이 성립하지 않는다고 말하고 싶다.

엘리시온 평원에서[*]
― L. 부르도 씨에게

---

[*] 원제는 Aux Champs-Élisées이다. 샹젤리제는 흔히 파리 개선문과 콩코르드 광장을 잇는 대로 이름으로 알려져 있다. 하지만 그 바탕에는 엘리시온 혹은 엘리시움에 해당하는 프랑스어 엘리제가 있다. 이는 그리스 신화 및 철학에서 사후 세계의 개념으로 이해할 수 있다. 앞부분 단어 샹champ은 프랑스어에서 밭이란 뜻이지만, 복수 형태 champs는 들판, 평원의 의미로 쓰인다.

갑자기 고요한 어둠의 공간으로 옮겨졌다. 알 수 없는 형체가 어스름하게 나타나자 공포에 사로잡혔다. 조금씩 어둠에 적응하면서 육중한 물줄기가 흐르는 강가에 한 남자가 보였는데, 그의 무시무시한 그림자가 눈에 들어왔다. 동양식[1] 챙이 없는 모자를 쓰고 어깨에는 노를 지고 있었다. 나는 그가 재기 가득한 율리시스임을 바로 알아보았다. 푹 꺼진 양 뺨에는 색 바랜 턱수염이 자라 있었다. 그가 꺼져가는 목소리로 한숨을 지으며 이렇게 말했다.

---

1 앞서 나온 '동양인' 표현과 같은 맥락으로 근동을 의미한다.

"배가 고프군. 앞도 잘 보이지 않고, 내 영혼은 암흑을 헤매는 무거운 연기 같네. 누가 나에게 검은 피를 마시게 할 것인가? 주홍빛으로 채색한 나의 선박들과 흠잡을 데 없는 나의 아내, 또 나의 어머니를 기억해내기 위해 말일세."[2]

나는 이 말을 듣고 지옥에 와 있음을 깨달았다. 할 수 있는 한 최선을 다해 과거 시인들이 묘사한 바를 따라 길을 찾으려 애썼다. 그러다 미약하지만 온화한 빛줄기가 새어 나오는 어느 들판에 들어섰다. 30분 정도 걷다 수선화가 가득한 언덕에 모여 이야기를 나누는 그림자들을 만났다. 여러 시대와 여러 나라를 망라한 영혼들이었다. 무리에는 위대한 철학자도 있고 한심한 수준의 야만인도 있었다. 소귀나무 그늘 뒤로 숨어 그들의 대화를 엿들었다. 우선 피론[3]이 훌륭한 정원사처럼 손을 삽 위에 올린 채 온화하게 질문하는 소리가 들렸다.

"영혼이란 무엇입니까?"

그를 둘러싸고 있던 영혼들이 거의 동시에 대답하려 들었다.

신의 경지에 이른 플라톤이 능수능란하게 대답했다.

---

2 율리시스의 이 대사는 호메로스의 서사시 『오디세이아』 중 11편의 내용과 관련이 있다.

3 Pyrrhon, 기원전 360~기원전 270. 고대 그리스 철학자. 회의론의 기초를 다졌기에 고대 회의주의를 피론주의라고도 부른다.

"영혼은 3중으로 이루어졌습니다. 우리는 뱃속에 아주 조잡한 영혼을, 가슴에는 애정을 관장하는 영혼을, 그리고 머리에는 합리적인 영혼을 지니고 있습니다. 영혼은 불멸의 존재인데, 여성들은 단 두 가지 영혼만 가지고 있습니다. 합리적인 영혼이 여성들에게는 없습니다."

마콩 공의회[4]에 참석한 사제가 그에게 대답했다.

"플라톤이여, 우상 숭배자처럼 말하는군요. 마콩 공의회에서 다수결 투표에 의해 585년에 여성들에게도 불멸의 영혼을 부여했습니다. 여성은 사람이 맞습니다. 동정녀 마리아로부터 태어난 예수 그리스도를 이미 복음서에서 '인자人子, 사람의 아들'이라고 기록했으니 말입니다."

아리스토텔레스는 어깨를 으쓱하며 존경과 단호함을 담아 그의 스승 플라톤에게 대답했다.

"플라톤이여, 저는 사람과 동물에게 다섯 개의 영혼이 있다고 생각합니다. 첫 번째는 영양분을 담당하는 영혼, 두 번째는 감각의 영혼, 세 번째는 운동 능력을 관장하는 영혼, 네 번째는 식

---

4 6세기경 열린 것으로 전해지는 마콩 공의회에서는 불과 한 표 혹은 세 표 차이로 여성에게 영혼이 있음을 인정했다고 한다. 하지만 이 공의회는 전설로 내려오는 이야기일 뿐이고, 기독교에서는 원래 여성에게도 세례를 주었다. 즉, 영혼이 있음을 인정한다는 뜻이다. 마콩 공의회 이야기는 16세기 트렌트 공의회에서 언급되었다고 한다.

욕에 관련된 영혼, 그리고 다섯 번째는 이성적인 영혼입니다. 영혼은 육체의 형태입니다. 영혼이 소멸하면 육체도 사그라지니까요."

여럿의 의견이 갈렸다.

오리게네스.[5]

영혼은 물질적이며 형체를 가지고 있습니다.

아우구스투스.

영혼은 비물질적이며 불멸합니다.

헤겔.

영혼은 우발적인 현상입니다.

쇼펜하우어.

영혼은 사람의 의지가 일시적으로 실현되는 것입니다.

폴리네시아인.

---

5 185~254경. 알렉산드리아 학파의 대표자로 초기 교회의 교부敎父다.

영혼은 숨결입니다. 나는 내가 마지막 숨을 내쉬려는 것을 보고 코를 꼬집어 영혼을 몸 안에 가두었습니다. 하지만 충분히 힘주어 막아놓지 않았기에 결국 숨을 거두고 말았습니다.

플로리다 여인.

나는 출산하다 죽었습니다. 내 곁을 지키던 이들이 내가 죽기 전에 아기의 손을 내 입술 가까이 가져다주었습니다. 아기가 엄마의 숨결을 지켜주길 바랐습니다. 하지만 너무 늦었는지, 내 영혼은 불쌍하고 아무 죄 없는 아기의 손가락 사이로 스르륵 빠져나갔습니다.

데카르트.

나는 영혼이 영적이라는 사실을 확고하게 증명한 바 있습니다. 영혼이 나중에 어떻게 되느냐에 관해서는 그 문제를 다루었던 딕비[6]씨를 언급하는 것으로 대신합니다.

---

6 케넬름 딕비(Kenelm Digby, 1603~1665). 17세기 영국 궁정의 신하였던 그는 물리적인 현상은 오직 기계적인 성질 즉, 크기나 모양, 움직임 등으로 설명된다고 주장한 기계론자였다. 데카르트나 홉스와 맥락을 같이 할 뿐만 아니라 아리스토텔레스의 영향을 받았다.

7 쥘리앙 오프레 드 라메트리(Julien Offray de La Mettrie, 1709~1751). 18세기 프랑스 의사이자 철학자로, 유물론과 기계론을 철저히 신봉했다. 인지

라메트리.[7]

딕비라는 사람은 어디 있습니까? 그 사람을 데려오시오!

미노스.[8]

신사 여러분, 나 같으면 그에게 온 지옥을 샅샅이 찾아보라고 권할 것입니다.

신학자 대 알베르.[9]

영혼의 불멸에 반하는 논거는 서른 가지가 있고, 불멸을 주장하는 논거는 서른여섯 가지가 있습니다. 그러니 다수결의 원칙에 따라 영혼은 불멸이라는 쪽이 맞습니다.

가죽 스타킹.[10]

담대한 족장의 영혼은 절대 죽지 않습니다. 그의 도끼도, 그의 담뱃대도 마찬가지입니다.

과학의 창시자로 여겨진다.

8 그리스 신화 속 인물. 제우스와 에우로파의 아들로 크레테의 왕이다. 사후에는 지하 세계의 재판관이 되었다.

9 라틴어로 된 13세기 마법서를 썼다고 잘못 알려진 대 알베르Grand Albert라는 신학자를 말한다. 그 책은 18세기 초에 프랑스어로 번역되었다.

10 프랑스어로는 Bas-de-Cuir. 미국 작가 제임스 페니모어 쿠퍼(James Fenimore

마이모니데스[11] 랍비.

'악한 자는 무너져 흔적조차 남기지 않으리라'라고 기록된 바 있습니다.

아우구스투스 성인.

랍비 메모니드여, 당신이 틀렸습니다. '저주받은 자들은 영원한 불에 떨어지리라'라고 기록되어 있습니다.

오리게네스.

맞습니다. 마이모니데스가 틀렸습니다. 악한 자는 사라지지 않습니다. 그저 약해질 뿐입니다. 심지어 아주 작아져 알아볼 수 없을 정도가 될 것입니다. 저주받은 자들은 이렇게 이해해야 합니다. 그리고 성스러운 영혼들은 신 안에 깊이 잠겨 있습니다.

Cooper, 1789~1851)가 1823년부터 1841년 사이에 발표한 다섯 편의 역사 소설을 『가죽 스타킹 이야기Leatherstocking Tales』라고 부른다. 이 다섯 작품의 주인공은 모두 개척자 내티 범포Natty Bumppo라는 인물로 그의 별명 중 하나가 '가죽 스타킹'이다. 18세기 말 미국 뉴욕주 일대의 개발사를 배경으로 한다.

11 1138~1204. 프랑스어로는 메모니드Maimonide라고 한다. 중세 유럽에서 매우 영향력 있는 철학자이자 의사로 활동했고, 토라 연구가이자 랍비다.

요하네스 스코투스.[12]

죽음은 공기 속으로 사라지는 소리처럼 인간을 신의 영역으로 들어오게 합니다.

보쉬에.[13]

오리게네스와 요하네스 스코투스는 오류로 가득한 정말 해롭고 역겨운 말들을 늘어놓고 있습니다. 성경에 기록된 지옥에서의 고통에 대한 내용은 문자 그대로 정확하게 이해해야 합니다. 저주받은 자들은 영원히 살아 있기에 영원히 죽어가는 존재입니다. 고통 속에서 불멸을 참아내야 하고, 죽기에는 너무 강하면서도 고통을 참아내기에는 너무 연약한 존재입니다. 이들은 돌이킬 수 없는 격렬한 고통 속에 분노하며 영원토록 지옥 불 속에서 신음할 것입니다.

---

12 John Scott, 810?~877? 7세기에 활동한 아일랜드 출신 철학자. 스콜라 철학의 선구자로 여겨지며 이성과 신앙의 일치를 주장했고, 중세 전기의 유일한 철학서로 여겨지는 『자연 구분론』을 썼다.

13 자크 베니뉴 보쉬에(Jacques-Bénigne Bossuet, 1627~1704). 프랑스 루이 14세 시대 주교이자 천주교 신학자로 당대 최고의 웅변가로 통했다. 개신교를 배격하며 전제 정치와 프랑스 왕가의 왕권신수설을 지지했다.

아우구스투스.

　그렇습니다. 이런 진리들의 기록은 문자 그대로 보아야 합니다. 영겁의 세월 동안 고통받는 것은 저주받은 자들의 실제 육체입니다. 태어나자마자 혹은 어머니 뱃속에서 죽은 아이들도 이런 고통을 면할 수 없습니다. 신의 정의는 이렇습니다. 지옥의 불길에 떨어진 육체가 계속 타면서도 절대 사그라지지 못함을 믿기 어려우면 순전히 무지한 탓이고, 또 불길 속에서도 온전히 보전되는 육체가 있는지 알지 못하기 때문입니다. 불길 속에서 살아남는 육체 이야기가 나왔으니 꿩의 예를 들어봅시다. 히포 레기우스[14]에서의 경험담입니다. 나의 요리사가 하루는 꿩 요리를 해서 절반을 식사로 내놓았습니다. 2주 정도가 지난 후 나는 남은 절반을 마저 먹겠다고 했습니다. 아직 먹어도 괜찮은 상태였으니까요. 그러니까 저주받은 자들의 육체가 지옥에서 영원히 보존되는 원리로 꿩고기도 불에 구운 덕분에 그 상태를 유지한 것입니다.

수만갈라.[15]

　지금까지 내 귀에 들린 모든 이야기에는 서구 세계의 암울함

---

14 로마 시대 도시로 현재 알제리에 위치한다.

만이 가득하군요. 분명한 진실은, 천복을 누리는 열반에 이르기까지 영혼은 수많은 육체를 넘나든다는 점입니다. 열반에 들어서야만 비로소 인간으로서의 존재가 지닌 모든 죄악에 종지부를 찍습니다. 석가모니도 부처가 되기까지 550번이나 환생했습니다. 임금이었다가 노예였으며, 원숭이였다가 뱀이 되었고, 개구리이기도 했으며, 플라타너스가 되기도 했습니다.

전도서 기록자.[16]

야생의 동물과 마찬가지로 인간도 죽음을 맞으니 둘의 운명은 매한가지입니다. 인간이 죽는 것처럼 동물도 죽습니다. 둘 다 마찬가지로 호흡을 하니 인간이 동물보다 나을 이유가 없습니다.

타키투스.[17]

이런 이야기는 그저 복종하는 데 익숙한 유대인의 입에서나 가능합니다. 나는 로마인으로서 말하고자 합니다. 위대한 로마 시민의 영혼은 절대 소멸하지 않습니다. 믿도록 허용된 것은 그

---

15 Weligama Sri Sumangala Thero(1825~1905)를 말하는 것으로 보인다. 스리랑카의 불교 승려. 수만갈라라는 말 자체가 힌두어로 '상서롭다'는 뜻인데, 스리랑카 불교의 고승들을 지칭하는 보통명사로 쓰이기도 한다.
16 전도서는 구약 성경에 속하는 책 중 하나다.

뿐입니다. 노예와 노예였다가 풀려난 자들의 영혼에도 신들이 불멸을 허락하리라는 생각은 신들에 대한 모욕입니다.

키케로.[18]

아! 젊은이여, 지옥에 대한 이런저런 이야기들은 모두 거짓말 짜깁기에 불과합니다. 영원토록 남을 집정관으로서의 업적을 제외하고, 과연 내가 불멸의 존재인지 자문해봅니다.

소크라테스.

나는 영혼의 불멸을 믿습니다. 위험해도 믿을 만한 멋진 일 아닙니까. 그 자체로 기뻐할 수 있는 소망입니다.

빅토르 쿠쟁.

친애하는 소크라테스여, 영혼의 불멸은 제가 이미 유려하게도 증명한 바에 따르면 도덕적인 필연입니다. 미덕은 수사학에서 아주 훌륭한 주제이기 때문입니다. 영혼이 불멸하지 않는다면 미덕에 대해 보상받을 수 없으니까요. 그리고 내가 프랑스어

---

17 키케로의 영향을 받았다고 전해지는 1~2세기 고대 로마의 역사가.
18 기원전 1세기에 활동한 로마 정치가이자 철학자, 문인. 아리스토텔레스와 플라톤의 영향을 받았다.

로 다룬 이런 주제들을 살피지 않는다면 신도 신일리 없습니다.

세네카. [19]

현자의 격언입니까? 프랑스 철학자여, 선행에 대한 보상은 그 행동을 했다는 것 자체에 있음을 기억하십시오. 미덕에 걸맞은 보상은 미덕 자체 말고는 찾아볼 수 없습니다.

플라톤.

하지만 신이 주는 고통과 보상은 존재합니다. 죽음을 맞을 때 악인의 영혼은 말이나 하마, 아니면 여성과 같은 보다 열등한 동물의 몸으로 들어갑니다. 현자의 영혼은 신들의 영역으로 들어서고요.

파피니아누스[20]

플라톤은 미래 생에서 신들의 정의가 인간의 정의를 수정할 것으로 생각하는 모양입니다. 오히려 그 반대입니다. 자기가 저지르지 않은 잘못으로 지상에서 벌을 받은 이들은 지옥에서도 고통을 이어갑니다. 아무 잘못 없는 이에게 형벌을 내린 법관들

---

19 1세기에 활동한 로마 제국의 사상가이자 정치가. 스페인 땅에서 태어났으며 네로 황제의 스승으로 유명하다.

은 인간이기에 실수를 저지르기 마련이지만, 계속해서 그 일을
하고 벌을 내릴 권리를 가지고 있습니다. 인간의 정의가 거기에
관심을 기울이지만, 세상의 판결이 신의 지혜로 파기될 수 있다
고 선언하는 것은 인간 세계의 정의를 약화하는 것과 같습니다.

에스키모인.

신은 부자에게는 아주 친절하지만 가난한 이에게는 아주 매몰
찹니다. 부자는 사랑하고 가난한 자는 사랑하지 않습니다. 신은
부자를 사랑하니 그들을 천국으로 맞이하고, 가난뱅이들은 사
랑하지 않으니 지옥으로 보낼 것입니다.

중국인 불교 신자.

모든 인간은 영혼을 두 개 가지고 있음을 명심하십시오. 하나
는 선해서 신과 이어지고, 나머지 하나는 악해서 심판의 고통에
처해집니다.

타란토의 늙은이. [20]

오, 현자들이여, 정원의 벗인 이 늙은이에게 답해주십시오. 동

---

20 베르길리우스의 작품 『농경 시』에 등장하는 한 늙은이를 말한다.

물에게도 영혼이 있습니까?

데카르트와 말브랑슈.[21]

아니요. 동물은 기계나 다름없습니다.

아리스토텔레스.

그들은 동물이니 우리처럼 영혼을 지니고 있습니다. 그 영혼
은 그들의 내장 기관과 관계있습니다.

에피쿠로스.

아, 아리스토텔레스여, 동물들의 영혼은 운 좋게도 우리의 영
혼과 같아서 소멸할 수도 있고 생명이 끝날 수도 있습니다. 친
애하는 영령들이여, 인내심을 가지고 이 정원에서 기다리십시
오. 살고자 하는 처절한 의지와 함께 삶 자체와 삶이 가져오는
근심 걱정도 완전히 놓아버릴 수 있는 그 날까지 이곳에서 기다
리십시오. 어떤 방해도 받지 않는 평안 속에서 미리 휴식을 취
하기를.

---

21 프랑스 철학자 니콜라 말브랑슈(Nicolas Malebranche, 1638~1715)를 말한다.
  변신론 및 기회원인론자로 아우구스투스와 데카르트 철학의 연장선에 있는
  정신과 물체의 관계를 탐구했다.

피론.

삶이란 무엇입니까?

클로드 베르나르. [22]

삶은 죽음입니다.

"죽음이란 무엇입니까?" 피론이 다시 물었다.

누구도 그의 말에 대꾸하지 않았다. 이윽고 그림자 부대는 바람에 쓸려가는 구름처럼 침묵 속에 멀어져 갔다.

나는 수선화가 가득한 동산에 홀로 있는 줄 알았다. 하지만 특유의 냉소적인 쾌활함을 머금은 메니푸스[23]가 곁에 있음을 깨달았다.

내가 그에게 물었다. "메니푸스여, 저 죽은 자들은 어찌하여 죽음을 모르는 듯이 말합니까? 또 그들은 왜 아직 살아 있을 때와 마찬가지로 인간의 운명에 그렇게 확신이 없습니까?"

메니푸스가 내게 대답했다. "아마도 어떤 의미에서는 그들이 여전히 인간이자 유한한 존재로 남아 있기 때문입니다. 불멸의

---

22 Claude Bernard, 1813~1878. 프랑스 생리학자, 실험 의학 창시자로 여겨진다.
23 메니푸스는 기원전 3세기경에 살던 고대 그리스 견유학파 철학자다. 철학적 냉소 및 풍자의 창시자로 여겨져 메니푸스식 풍자라는 양식이 존재한다.

세계에 들어서면 이제 말도 생각도 하지 않게 됩니다. 신들과
같아지니까요."

아리스토스와 폴리필로스 혹은 형이상학적 언어

— 오라스 드 랑도* 씨에게

* Horace de Landau, 1824~1903. 우크라이나 출신 유대인으로 프랑스 국적 은행가였다.
  이탈리아에 거주하며 예술품과 책 수집가로 명성을 쌓았다.

아리스토스.

폴리필로스여, 안녕하십니까. 그렇게 흠뻑 빠져 있는 그 책은
대체 무엇입니까?

폴리필로스.

친애하는 아리스토스여, 철학 안내서입니다. 세상의 지혜를
손에 쥐여주는 그런 책 중 하나입니다. 그 옛날 엘레아학파[1]에

---

1 엘레아학파는 소크라테스 이전 고대 그리스 철학 유파로 남부 이탈리아의
  작은 도시 엘레아에서 시작되었다. 논증과 설득의 방법론을 이용하여 형이
  상학적인 고찰을 중시했고, 자연주의학파에 반박했으며 플라톤의 형이상학
  에 영향을 주었다.

서부터 절충주의[2] 자들에 이르기까지, 마지막으로는 라슐리에[3]까지 여러 철학 체계를 섭렵하는 책입니다. 우선 목차부터 읽었습니다. 그리고 나서 책의 중간 즈음을 펼쳤더니 이런 문장이 나오더군요. "영혼은 절대적인 것에 참여하는 한, 신을 소유하게 된다L'âme possède Dieu dans la mesure où elle participe de l'absolu."

아리스토스.

무엇으로 보나 그 문장은 탄탄한 논거의 일부인 듯합니다. 그 말을 단독으로 성찰해서는 안 될 듯합니다.

폴리필로스.

나 또한 문장 자체가 무슨 의미인지는 고민하지 않습니다. 거기에 진리가 담겨 있는지 알려고 하지도 않았습니다. 오직 언어

---

2 절충주의는 보통 고대 그리스에서 기원전 2~3세기에 나타난 경향을 의미하지만 17~18세기 유럽에서 라이프니츠를 중심으로 한 학파 혹은 19세기 초중반 잠시 등장했던 프랑스 철학자 빅토르 쿠쟁의 사조를 뜻하기도 한다. 고대 그리스의 절충주의 시대에 본문에서 언급된 소책자의 형태로 그간 중요했던 철학의 요점을 정리한 책들이 유행했다고 한다.

3 쥘 라슐리에(Jules Lachelier, 1832~1918). 프랑스 철학자로 칸트의 영향을 받았으며 당시 쿠쟁이 주도하던 프랑스 철학의 경향에 반하는 「심리학과 형이상학」이라는 유명한 논문을 남겼다.

적인 형태에 관심이 있습니다. 특이하거나 이상하지도 않습니다. 당신 같은 전문가에게는 중요하거나 희귀하지도 않을 것입니다. 적어도 형이상학적이라고 말할 수는 있습니다. 바로 그렇게 생각하고 있을 때 당신이 들어왔습니다.

아리스토스.

죄송하게도 제가 방해한 생각이 무엇인지 알려줄 수 있습니까?

폴리필로스.

그냥 공상에 불과합니다. 하나의 표현을 만들어낼 때 형이상학자들은 돌아다니며 칼을 갈아주는 사람 같다고 생각했습니다. 도구를 이용해 칼이나 가위를 가는 대신 동전이나 메달에 새겨진 날짜나 문구를 매끈하게 지우는 사람 같다고 말입니다. 자기가 가진 100수[4] 동전에 더는 빅토리아[5]도 빌헬름[6]도 레퓌블리크[7]라는 글자도 보이지 않도록 노력하고는 "이 동전은 이제 영국 것도, 독일 것도, 프랑스 것도 아니다. 우리는 이 물건

---

4   과거에 쓰인 동전 수sou는 5상팀의 가치를 지녔다. 100상팀이 1프랑이다.
5   영국의 빅토리아 여왕을 뜻한다.
6   프로이센의 황태자 빌헬름 폰 프로이센을 말한다.
7   République, 프랑스어로 공화국이다.

을 시간과 공간의 영역에서 꺼냈다. 이제 이것은 5프랑짜리가 아니다. 이 동전은 셀 수 없는 가치를 가지며 통용 기간도 무기한으로 늘어났다"라고 말합니다. 그렇게 말할 법도 합니다. 칼 가는 이의 작업으로 단어들은 물리적인 영역에서 형이상학의 영역으로 옮겨갔습니다. 그러면 우선 상실한 것이 무엇인지 눈에 들어옵니다. 무엇을 얻었는지는 즉시 보지 못합니다.

아리스토스.

하지만 폴리필로스여, 처음 보고 어떻게 미래에 이득이 될지 손해가 될지 확신할 수 있습니까?

폴리필로스.

아리스토스여, 샹쥬교橋[8]의 롬바르디아[9] 사람이 프랑스와 이탈리아 금화[10]의 무게를 재던 저울을 여기에서 사용하는 것은

---

8 Pont-au-Change, 프랑스 파리 센 강에 있는 다리 중 하나다. 12세기 프랑스 왕 루이 7세의 칙령으로 이 근처에 금은 세공사들과 환전상들이 자리 잡았다. 샹쥬change는 환전(소)이라는 의미다.

9 중세부터 상인이나 은행업 종사자들로 유명했던 지역이다. 이 지역의 중심 도시가 밀라노다.

10 여기에서 언급한 동전 이름은 각각 애뷀 혹은 아녤aignel/agnel(프랑스 중세 어린 양이 새겨진 금화), 그리고 두카트ducat(13세기 베네치아에서 통용된

적절하지 않다고 인정합니다. 우선 영혼의 칼을 가는 사람[11]이 '소유하다poss éder'와 '참여하다participer'라는 동사를 숫돌에 아주 많이 갈았다는 점에 주목합시다. 내가 읽고 있던 이 작은 철학 소개서 문장에 나오는 두 동사 말입니다. 원래의 불순함이 모두 제거되어 반짝거릴 정도로 갈렸습니다.

아리스토스.

그렇습니다, 폴리필로스여, 우발적인 요소는 전혀 남아 있지 않습니다.

폴리필로스.

마찬가지로 그 문장의 마지막 단어, 절대적absolu이라는 단어 또한 정련되었습니다. 그대가 들어왔을 때 나는 절대적이라는 단어에 대해 두 가지 단상을 하고 있었습니다. 하나는, 형이상학자들은 항상 부정적인 표현을 선호한다는 점입니다. 예를 들어 비-존재, 무-형의, 혹은 무-의식적인 같은 단어처럼 말입니다. 그들은 무-한과 무-제한의 영역으로 뻗어 나가거나, 아니면 불가지不可知의 세계에 매달리지 않고는 절대 마음이 편하

금화)다.
11 형이상학자를 가리킨다.

지 않은 모양입니다. 헤겔의 『현상학』이라는 책에서 무작위로 세 페이지를 읽어보니, 의미 있는 문장의 주제어 스물여섯 개 중 부정적인 표현이 열아홉 개, 긍정적인 표현이 일곱 개가 나오더군요. 말하자면 반대 의미를 지닌 접두사로 인해 원래의 의미가 파괴되지 않은 단어가 일곱 개밖에 안 되더라는 것입니다. 헤겔이 이 책의 다른 부분에도 같은 비율로 부정적인 단어를 썼다고 주장하는 것은 아닙니다. 그것은 알 수 없습니다. 하지만 이 사례만 봐도 나의 논지를 아주 쉽게 확인할 수 있습니다. 형이상학자들. 아니 더 정확히 말해 '자연학자들 뒤에 오는 학자들'의 어법이 제가 관찰한 바에 따르면 그렇습니다. 심지어 당신들의 학문 자체도 다른 학문처럼 부정적인 이름을 가지고 있어 놀랍습니다. 아리스토텔레스의 책들을 정리해보면 그의 『자연학』 뒤[12]에 나온 책이기 때문에 붙여진 이름이니까요. [13] 당신은 그 책들이 위로 쌓여 있다고 생각합니다. 그러니 다음 자리를 차지하는 것을 그 자리 위로 올라간다는 뜻으로 간주합니다. 그런 생각이 자연의

---

12 그리스어에서 메타는 접두사로 뒤, 후라는 의미다. 실제로 이 접사는 그리스 원어에서 영어나 프랑스어의 용법보다 훨씬 덜 추상적인 표현이다.

13 형이상학metaphysics이라는 단어는 원래 아리스토텔레스의 책 중에 『자연학 Physics』다음에 나온 책이라 하여 '후'라는 접두사 메타가 붙어 사용되기 시작했다. 이후 의미가 발전해 형이상학이라는 개념이 정립되었다.

원칙을 벗어난다는 것에는 변함이 없습니다.

아리스토스.

친애하는 폴리필로스여, 제발 부탁합니다. 한 가지 생각을 이어가 주십시오. 한 가지 이야기를 하다 다른 이야기로 끊임없이 넘나들면 당신이 말하려는 바를 따라가기 어렵습니다.

폴리필로스.

그러니까, 생각을 희석하기 좋아하는 형이상학자들의 취향, 즉 긍정을 부정으로 바꾸는 단어들을 선호하는 성향에 대해 말하는 것입니다. 그 취향 자체는 전혀 기괴하거나 이상하지 않음을 저도 인정합니다. 형이상학자들에게는 무절제함이나 규범으로부터 일탈하려는 성향, 편집증 같은 증세가 전혀 없습니다. 부정의 단어를 좋아하는 취향은 추상을 선호하는 사람들이 지닌 자연스러운 욕구를 충족시킵니다. 접두사 ab, in, non 등은 칼갈이 도구보다 훨씬 강력하게 작용합니다. 그 접사들은 가장 도드라진 단어도 단숨에 매끈하게 갈아 놓습니다. 솔직히 말하면, 가끔 그 접사들은 도드라진 단어들을 반대로 뒤집어 의미를 거꾸로 만들어 놓습니다. solu가 absolu로 바뀌면서 얼마나 달라지는지를 보면, 접사는 뭔가 신비롭고 성스러운 힘을 부여하기도 합니다. 압솔루투스absolutus[14]는 솔루투스solutus[15]를 귀족적으로 확장한 단어이자 라틴어의 위대함을 명백하게 증언해주는 예입니다.

자, 여기까지가 나의 첫 번째 단상이었습니다. 두 번째 단상은, 당신 아리스토스와 같은 현자들은 형이상학을 논하면서 원래의 분명한 모습을 잃어버린 동전 위의 초상을 되도록 철저하게 지우려 든다는 점입니다. 사실 우리같이 평범한 사람들도 단어를 다듬고 조금씩 변형시키는 경우가 있습니다. 스스로 깨닫지는 못했지만, 그런 점에서 보면 우리도 형이상학자입니다.

아리스토스.

폴리필로스여, 마지막 말을 잘 기억해두어야 할 것 같습니다. 당신이 나중에 형이상학의 작업은 인간에게 자연스러운 일이 아니며, 정당하지도 어떤 면에서는 필요하지도 않다고 주장할지 모르니까요. 우선 말씀을 계속하십시오.

폴리필로스.

아리스토스여, 나는 많은 표현이 수 세대를 거쳐 입에서 입으로 전해지며 점점 다듬어졌음을 알고 있습니다. 예술에 대해 논의할 때 쓰는 표현처럼 '경계가 흐려졌다'고 할 수도 있습니다.

---

14 '완료되었다' 혹은 '절대적'이라는 의미의 라틴어.
15 '해방된', '자유로운'이라는 의미의 라틴어.

무엇보다 아리스토스여, 이미 어느 정도 의미를 잃은 단어들을 흔쾌히 선택해 다듬는다고 해서 내가 형이상학자들을 비난한다고 생각하지는 마십시오. 그렇게 해서 그들은 스스로 해야 할 일의 절반을 줄이니까요. 가끔 그보다 운이 좋은 경우도 있습니다. 오랫동안 여기저기에서 사용하던 끝에, 아득한 옛날부터 본래 표면에 새겨져 있던 초상의 흔적을 모두 잃어버린 단어들을 발견할 때입니다. 내가 들고 있는 작은 철학 안내서에 나온 문장에는 그 같은 단어가 두 개나 나옵니다.

아리스토스.

신, 그리고 영혼이라는 단어가 분명합니다.

폴리필로스.

아리스토스여, 당신이 말한 대로입니다. 수 세기에 걸쳐 사용되다 보니 두 단어는 형태의 흔적조차 남지 않았습니다. 형이상학이 있기도 전에 그 단어들은 이미 형이상학의 영역에 완전히 들어서 있었습니다. 스스로 판단해보십시오. 무엇이든 추상화하기 좋아하는 형이상학자라면 자신이 활용하기 좋아 보이는, 그리고 실제로도 활용하기 딱 좋은 이런 종류의 단어를 과연 그냥 흘려보낼지 말입니다. 의식적으로 그 단어들을 사용하고 다듬지 않았다 해도 무명의 대중도 세월 속에서 그저 철학적인 본능에 따라 그 말들을 다듬어 왔으니까요.

마지막으로, 지금까지 한 번도 인류가 생각해내지 않은, 전혀 고안해내지 않은 무언가를 떠올렸다고 믿을 경우 철학자들은 단어를 주조해냅니다. 그런 단어들은 물론 조폐 기계에서 나오는 반반한 동전처럼 매끈한 모습으로 만들어지지만, 그것을 만들기 위해서는 사실 여러 사람이 사용해온 오래된 쇠붙이를 녹여내야 합니다. 다른 내용과 마찬가지로 꼭 생각해볼 문제입니다.

아리스토스.

제가 제대로 이해했다면, 폴리필로스여, 당신은 형이상학자들이 쓰는 언어가 속어에서 가장 추상적이거나 가장 일반적이거나 가장 부정적인 단어들을 빌려왔고, 또 형이상학자의 새로운 표현조차 속어에서 빌려온 요소들을 조합해 만들어낸 단어들일 뿐이라는 말입니까?

폴리필로스.

우선 아리스토스여, 이 점은 인정해주십시오. 인간 언어의 모든 단어는 그 기원에 물리적인 형상을 갖추고 있었고, 모든 단어가 새롭게 나타날 때는 지각을 통해 느낄 수 있는 어떤 이미지의 표상表象이라는 점을 말입니다. 형태나 색채, 소리나 냄새, 그리고 온갖 환상들로 이루어진 세상, 그러니까 감각들을 인정사정없이 사로잡는 이 세상에 있는 어떤 대상을 의미하는 기호가 원체부터 아니었던 단어는 존재하지 않습니다.

곧게 뻗은 길과 꼬불꼬불한 오솔길에 이름을 붙이면서 우리는 처음으로 도덕적인 생각들을 표현하기 시작했습니다. 인간의 어휘는 태생부터 감각적입니다. 이 감각적인 성격은 본질과 너무 밀접해서 영적이고 모호한 의미가 부여된 후에도, 심지어 형이상학자들이 가장 강력하게 추상을 표현하기 위해 만들어낸 전문 용어들에서도 어휘가 지닌 감각적인 성격은 여전히 남아있습니다. 전문 용어조차 인간의 어휘가 가지는 숙명적인 물질주의를 피하지 못합니다. 단어들은 인간의 말이 지닌 아주 오래전의 상像에 여전히 몇 가닥 뿌리를 내리고 있으니까요.

아리스토스.

그 점은 인정합니다.

폴리필로스.

이 모든 단어, 즉 오래 사용한 끝에 변형에 이르렀거나 매끈히 갈렸거나 심지어 어떤 정신세계의 구성을 목적으로 일부러 주조한 단어들은 우리에게 그들의 원래 모습을 표시해줄 수 있습니다. 화학자들은 파피루스나 양피지에 잉크로 썼다 지운 부분을 드러내 주는 시약을 만들었습니다. 덕분에 가필이 된 양피지의 글을 읽어낼 수 있게 되었습니다.

이 논리를 형이상학자들의 글쓰기에 적용해봅시다. 즉 새롭게 부여된 추상적인 의미 아래, 눈에 띄지는 않지만 여전히 살아남은 원래 의미를 재조명해보면, 아주 희한하고 가끔은 뭔가 의미 있는 아이디어들을 찾을 수 있습니다.

아리스토스여, 내가 읽던 책에 나온 아까 그 문장을 이루는 단어들에 최초의 형태와 색채, 최초의 생명을 회복 시켜 봅시다.

"영혼은 절대적인 것에 참여하는 한, 신을 소유하게 된다 L'âme possède Dieu dans la mesure où elle participe de l'absolu."

이런 시도를 할 때, 가필된 양피지를 해독하는 학자들에게 화학 시약이 한 역할을 우리에게는 비교 문법이 해줍니다. 언어 기원 당시의 의미는 아닐지라도, 이 10여 개의 단어가 과거에 어떤 의미를 담고 있었는지 비교 문법이 알려줄 수 있습니다. 기원 당시의 의미는 이미 과거의 그림자 속으로 사라져버렸습니다. 하지만 적어도 역사라는 기억보다는 훨씬 이전 시대까지 되짚어 볼 수 있습니다.

'영혼, 신, 정도, 소유하다, 참여하다' 등의 단어는 아리아어 시기의 의미로 되돌아갈 수 있습니다. Absolu는 고대 라틴어 성분들로 분해할 수 있습니다. 이렇게 그 문장에 쓰인 단어들에 과거 젊은 시절의 맑고 분명한 모습을 되찾아주면 어떨지 한번 보십시오. 자, 이변이 없으면 이런 문장을 얻게 됩니다. "완전히 풀어진 것에서 받는 부아소boisseau[16]에, 반짝이는 자의 옆에 숨결이 앉았다."

아리스토스.

폴리필로스여, 이 장황한 이야기에 뭔가 대단한 결론이 있기는 합니까?

폴리필로스.

적어도 이 말은 할 수 있습니다. 형이상학자들은 그들의 철학 체계를 만들 때, 야만인들이 기쁨과 욕망과 걱정을 표현하는 데 사용한 언어적 기호들이기는 하지만 이제는 알아볼 수 없을 정도로 변형된 찌꺼기를 이용한다는 사실입니다.

아리스토스.

그렇다면 그 기호들은 언어의 필수 조건을 거치는 셈입니다.

폴리필로스.

언어가 지니는 이 공통의 숙명을 형이상학자들이 겸허하게 받

---

16 곡물이나 가루류의 부피를 잴 때 쓰던 옛 단위로 약 13리터가량을 의미한다.

아들였는지 오만하게 생각했는지는 차치하고 말입니다. 나는 그들이 사용하는 표현들이 특정한 의미에서 일반적인 의미로, 구체적인 의미에서 추상적인 의미로 변해가는 과정, 그러니까 그 단어들의 놀라운 모험에 대해 상상해 봅니다. 예를 들어, '육체의 온기가 서린 입김'이라는 뜻이던 'âme'이라는 단어가 어떻게 본질이 변화해 이제는 '이 동물에게는 영혼이 없어'로 쓰이게 되었느냐는 문제입니다. 정확히 말하면 '이 숨 쉬는 동물들에게는 숨결이 없어'라는 뜻이 되는데 말입니다. 또한, 'âme'이라는 단어는 순차적으로 운석, 주물(呪物), 우상, 그리고 사물의 일차 원인이라는 뜻으로 쓰였습니다. 그저 음절들에 불과한 단어들이 나를 두렵게 할 정도로 엄청난 변화를 겪었습니다.

과거 단어들의 운명에 대한 정확한 조사를 바탕으로, 우리는 형이상학의 자연사 연구를 재건해야 합니다. âme(영혼)이나 esprit(정신) 같은 단어가 겪은 순차적인 변화를 따라가며 어떻게 서서히 현재의 의미들을 형성했는지 알아내야 합니다. 그렇게 함으로써 이 단어들이 표현하는 현실이 무엇인지 냉혹하게 조명해낼 수 있습니다.

아리스토스.

폴리필로스여, 당신의 말은 마치 하나의 단어에 연관된 생각들이 단어에 종속되어 그 단어와 함께 태어났다 변화하고 마침 내 사라진다는 뜻으로 들리는군요. 그리고 Dieu, âme, esprit처 럼 어떤 단어가 순차적으로 서로 전혀 닮지 않은 여러 생각을 의미하는 기호 역할을 했기 때문에 그 단어의 역사 속에서 각각 의 의미가 어떻게 나타났고 또 소멸했는지를 또한 알아낼 수 있 다고 믿습니다. 마지막으로 당신은 형이상학적 고찰은 표현 언 어에 종속되어 있으며 형이상학이 사용하는 표현의 타고난 결 함을 고스란히 따른다고 말합니다. 당신의 그런 시도는 너무 비 상식적이어서 당신조차 조심스럽게 돌려 말하는군요.

폴리필로스.

내가 걱정하는 바는 오직 내가 여기에서 언급한 난관의 한계 가 어디까지인가 하는 것입니다. 모든 단어는 어떤 이미지를 드 러내는 또 하나의 이미지요, 어떤 환상을 의미하는 상징입니다. 그 외에는 아무것도 아닙니다. 고대부터 내려오는 이미지와 조 잡한 환상의 지워지고 왜곡된 잔재를 가지고 추상 개념들을 표 시한다는 것을 확신하게 된다면, 내 머릿속에 추상이 더는 설 자리가 없을 것입니다. 추상은 그저 구체적인 무언가의 잿더미 라고밖에 볼 수 없으니 말입니다. 순수한 생각 대신 깨진 주물呪 物과 부적, 우상들이 남긴 미세한 먼지만 남습니다.

아리스토스.

하지만 방금 형이상학의 언어는 완전히 다듬어졌고, 숫돌에 간 듯 매끈해졌다고 하지 않았습니까? 그것은 무슨 말이었습니까? 그렇게 되면 단어들은 의미도 상실하고 추상적으로 된다는 뜻 아니었던가요? 그리고 조금 전 언급한 숫돌 비유 말입니다. 사람들이 단어들에 부여하는 의미라고 받아들이지 않는다면 숫돌이라는 개념을 뭐라고 이해해야 합니까? 어떤 형이상학 이론에서도 단어들은 정확하게 정의되며, 정의상 추상어인 단어들은 이미 기존에 받아들인 바 있는 구상의 요소를 전혀 가지고 있지 않게 된다는 점을 당신은 지금 망각하고 있습니다.

폴리필로스.

그렇습니다. 당신은 다른 단어들을 이용해 단어를 정의합니다. 세상을 숨기는 빛과 그림자들 앞에 선 불쌍한 선대 사람들이 내뱉은 욕망이나 공포의 외침이 덜 인간적인 말이라고 할 수 있을까요? 숲속이나 동굴에 살던 불쌍한 조상들처럼 우리도 자신의 감각들 안에 갇혀 있습니다. 그 감각들이 우리가 아는 우주의 경계를 이룹니다. 우리는 우리의 눈이 그 우주를 발견했다고 믿습니다. 우리의 눈이 자신을 투영해 보여준다고 생각합니다. 우리의 무지에서 나오는 감정들을 표현하기 위해 가진 것이라곤 여전히 야만인의 목소리와 조금은 더 또박또박해진 더듬는 말, 그리고 조금은 순해진 울부짖음뿐입니다. 아리스토스여, 이것이 바로 인간의 언어입니다.

아리스토스.

당신이 철학자의 그런 점을 경멸한다면 다른 인간도 모두 업신여겨야 마땅합니다. 자연과학자들도 마찬가지로 인류 최초의 더듬거리는 말에서 시작한 단어들을 사용합니다. 그렇다고 그들의 정확도가 떨어지지는 않습니다. 우리처럼 추상적인 문제를 고찰하는 수학자들 또한 우리와 마찬가지로 구체화할 수 있는 언어를 사용합니다. 그것이 바로 인간의 언어니까요. 폴리필로스여, 기하학의 공리公理나 대수代數공식을 구체화하기에는 아주 좋은 입장입니다. 하지만 그러자고 이미 있는 이상idéal의 요소를 없애려 들지는 않을 테지요. 그랬다가는 오히려 이상이 그 자리에 원래 있었음을 도리어 증명하는 결과가 나올 테니 말입니다.

폴리필로스.

아마도 그럴 것입니다. 하지만 물리학자도 기하학자도 형이상학자와는 다릅니다. 물리학이나 수학의 경우 단어의 정확성은 오직 그 단어와 그 단어가 지시하는 사물 혹은 현상 사이의 관계에 달렸습니다. 틀릴 수 없는 기준입니다. 그리고 단어와 사물이 똑같이 지각할 수 있는 대상이므로 우리는 서로를 확실히 연결할 수 있습니다. 어원적 의미라든지 단어의 내밀한 가치는 전혀 중요하지 않습니다. 단어의 의미는 명확한 제한 하에서, 감각으로 인지 가능한 대상에 의해 정해지니까요. 어떤 추가적인 정확성이 요구되지 않습니다. 화학자가 부여한 의미 그대로의 산酸과 염기塩基라는 개념을 더 정확하게 만들겠다고 나설 사람이 누가 있을까요? 그렇기 때문에 과학 전문 용어에 들어가는 원소명의 역사를 탐구하는 것은 상식에 맞지 않습니다. 화학 용어 하나가 일단 공식에 자리 잡으면 그 단어가 과거 열정적인 청년 시절에 어떤 모험을 했는지, 숲과 산을 가로지르던 시절에 그 단어에 무슨 일이 있었는지 우리가 알 필요는 없습니다. 그 단어가 생각 없이 즐기던 시절은 끝났습니다. 단어와 단어가 지시하는 대상은 한눈에 볼 수 있고, 그 둘은 끊임없이 대면합니다. 당신은 또 기하학자를 언급했습니다. 기하학자가 추상적인 관념에 대해 사색하는 사람이기는 합니다. 그래도 형이상학의 추상과는 분명 아주 다릅니다. 수학에서의 추상은 수학의 단위체가 지닌, 지각할 수 있고 잴 수 있는 성질에서 비롯되어 물리 철학을 이룹니다. 그러다 보니 결과적으로 수학적 진실은 그 자체로는 무형일지 몰라도 끊임없이 자연에 비교되곤 합니다. 완전히 펼쳐서 보여주지는 않아도, 수학적 진실이 모두 자연 앞에 자리함을 자연이 넌지시 알려주기 때문입니다. 수학적 진실이 표현되는 방식은 언어가 아니라 사물의 본질에 있습니다. 자연이 인간에게 자신을 드러내는 영역인 공간과 숫자라는 범주 안에서 그 표현이 이루어집니다. 역시 수학의 언어도 탁월하기 위해서는 계약에 의한 안정적인 합의에 의존할 수밖에 없습니다. 만약 각각의 구체적인 수학 용어가 추상적인 내용을 지시한다면, 그 추상 개념은 본질적으로 구체적인 표상을 지니고 있습니다. 좀 투박하고 거친 설명이라고 할 수도 있지만, 지각할 수 있는 이미지로 설명되었다는 사실은 그대로입니다. 단어는 이미지의 설계도 안에 존재하기 때문에 하나의 이미지에 직접 적용됩니다. 수학에서 단어는 별 어려움 없이 순전히 관념적인 생각으로부터 감각적인 이미지로 이동합니다. 하지만 형이상학은 그와 같다고 할 수 없습니다. 형이상학에서는 추상화되어가는 과정이 물리학에서처럼 눈에 보이는 경험의 결과도 아니고, 수학에서처럼 지각할 수 있는 본질에 대한 사색의 결론도 아니기 때문입니다. 형이상학에서 추상화는, 오직 사유만으로 이해 및 상상할 수 있는 특징들을, 대상이 되는 사물로부터 끌어내는 작업을 통해서만 가능합니다. 인간의 사유가 오직 담론으로만 그 특징들을 알려주기에, 결과적으로 언어 말고는 다른 담보가 전혀 없다는 사실만은 알고 있습니다. 만약 이런 추상적인 개념들이 진정 그 자체로 존재한다면, 오직 관념적 지성으로만 접근 가능한 곳에 있다고 보아야 합니다. 이는 당신이 지금 우리가 사는 세상—당신 생각에는 절대적이지 않은 이 세상—과 대조해서 '절대'라고 부르는 세상에만 존재할 것입니다. 두 세상이 각자 서로의 내면에 존재한다면, 그것은 그들 사이의 문제지 내가 상관할 바가 아닙니다. 하나의 세상은 지각을 통해 파악할 수 있고, 다른 하나는 그렇지 않음을 아는 것으로, 또 지각이 가능한 세계는 관념적이지 않고 관념적인 세계는 지각을 통해 파악할 수 없음을 아는 것으로 충분합니다. 이렇게 이해하는 순간 단어와 사물은 서로에게 적용될 수 없습니다. 같은 영역에 존재하지 않기 때문입니다. 같은 세상에 있지 않으니 서로를 알 수도 없습니다. 형이상학적으로 말하면, 단어가 바로 사물 자체거나, 아니면 단어는 그 사물을 아예 모른다는 가정이 논리에 맞습니다.

이렇게 되지 않으려면, 어떤 감각론으로부터도 철저히 추상화된 단어들이 필요합니다. 그런데 그런 단어는 존재하지 않습니다. 우리가 추상적이라고 하는 단어들은 사실 그 용도에 따라 추상적일 따름입니다. 햄릿에서 유령 역할을 하는 배우처럼 그단어들은 추상이라는 역할을 수행할 뿐입니다.

아리스토스.

전에는 문제가 없던 영역까지 까다롭게 다가가는군요. 인간이 사유를 통해 본질을 끌어내려고 자연을 추상화하거나, 당신 표현대로 '분해'하거나, 혹은 정수精髓를 희석한다면, 사유를 통해 단어들도 추상화되고 분해되고 희석됩니다. 초월적인 사색의 결과를 표현하기 위해서입니다. 그럴 때 기호가 사물에 정확하게 적용됩니다.

폴리필로스.

아리스토스여, 하지만 이미 당신에게 충분히 설명하지 않았습니까? 여러 측면에서, 단어들 내의 추상은 그저 축소된 구상具象이라는 사실을 말입니다. 구상은 얄팍하고 빈약해져도 여전히 구상입니다. 빼빼 말랐다고 해서 자신은 순수한 정령이나 다름없다고 말하는 여성들이 있습니다. 그들처럼 나쁜 버릇을 들이면 안 됩니다. 버드나무 가지에 앉아 고갱이만 가지고 인형을 만드는 아이들의 모습을 따라 하는 것과 같습니다. 고갱이로 만든 못난이 인형들은 가볍지만, 버드나무라는 본질은 바뀌지 않습니다. 그와 마찬가지로 사람들이 추상적이라고 하는 단어들은 그저 구상화가 덜 되었을 뿐입니다. 당신이 여전히 그 단어들은 철저히 추상적이라고, 본래 진정한 본질에서 완전히 끄집어내었다고 주장한다면 순전히 관습적인 합의에 따르기 때문입니다. 하지만 이 단어들이 표상하는 생각들이 만약 순전한 관습이 아니라면, 이 단어들이 표현하는 생각들이 당신의 내면 말고 다른 곳에서도 실현된다면, 절대성 안이나 당신이 원하는 대로 지정할 상상 속의 공간에 있다면, 즉 그 생각들이 '존재한다면' 그 단어들은 입 밖으로 뱉을 수 없습니다. 말로 표현할 수 없는 개념이니까요. 단어를 말하는 행위는 그들의 존재를 부정하는 것입니다. 말로 표현하면 그 단어를 파괴하는 것입니다. 구체성을 지닌 단어는 추상적인 생각의 기호이기에, 추상적인 생각은 표기하는 순간 구상의 세계로 들어서고, 그 순간 정수精髓를 상실하기 때문입니다.

아리스토스.

하지만 내가 생각이든 단어든 추상은 그저 좀 더 하급의 구상일 뿐이라고 말하면, 당신의 논법은 무너집니다.

폴리필로스.

그런 말은 절대 하지 않을 것으로 믿습니다. 그러면 형이상학은 통째로 무너지고 영혼과 신에게, 그러니까 결과적으로 형이상학의 모든 스승에게 너무 큰 해를 입히니까요. 구상인 것이 곧 추상이며 추상이야말로 구상적이라는 헤겔의 말을 잘 알고 있습니다. 하지만 생각이 깊은 철학자 헤겔은 당신의 학문인 형이상학 또한 뒤집어 놓았습니다. 아리스토스여, 세상의 규칙을 지키기 위해서라도 추상이 구상에 반대되어야만 한다는 데 동의할 것입니다. 하나 구상적인 단어는 추상적인 생각의 기호signe가 될 수 없습니다. 상징symbole 밖에 될 수 없습니다. 더 정확히 말하면 비유allegorie 밖에 될 수 없습니다. 기호는 사물을 가리키고 상기시킵니다. 그 자체로는 가치가 없습니다. 상징은 사물을 대신합니다. 상징은 사물을 지시하지 않고 보여줍니다. 사물을 상기시키기보다 모방합니다. 하나의 형상이라 할 수 있습니다. 그 자체로 현실성과 의미를 지닙니다. 그러니 상징이지 기호가 아닌 âme, Dieu, absolu라는 단어들에 담긴 의미를 찾으려는 나는 진리의 길에 서 있다고 보아야 맞습니다.

"영혼은 절대적인 것에 참여하는 한, 신을 소유하게 된다 L'âme possède Dieu dans la mesure où elle participe de l'absolu."

인정합니다. 이 문장은 사람들이 많이도 마멸시킨 자잘한 상징의 조합에 불과합니다. 광채와 생생함을 잃어버렸지만, 여전히 본질의 힘에 의해 상징으로 남아 있습니다. 그 문장에서 이미지가 도식적으로 축소되어 있기는 하지만, 도식 또한 이미지인 것은 마찬가지입니다. 나는 본질에 충실하면서도 그 이미지를 다른 이미지로 대체하는 데 성공했습니다. 그렇게 해서 얻어낸 문장입니다.

"완전히 풀어진 것(혹은 미묘한 것)에서 받는 부아소에, 반짝이는 자의 옆에 숨결이 앉았다"라는 문장에 이르면 거기에서 수월하게 다음과 같은 문장을 끌어낼 수 있습니다. "숨결이 삶의 기호인 자, 즉 인간은—아마도 그 숨을 내쉰 후에—삶의 원천이자 중심인 신성한 불꽃 안에 자리 잡으리라. 인간은 그 따뜻한 숨결, 눈에 보이지 않는 작은 영을 열린 공간에—아마도 파란

하늘일 테지요—내뱉는 미덕을 발휘했으니, 불꽃 가운데 자리는 그에게 주어진 미덕에 따라—악마로부터일 테지요—배정되리라."

이 문장은 베다의 찬송가[17]의 한 대목이라든지 동양의 옛 신화처럼 들립니다. 내가 그런 원시 신화를 언어의 모든 원칙에 맞게 복원했다는 말은 아닙니다. 그것은 중요하지 않습니다. 그 문장은 분명 형이상학적이었기에, 본질적으로 상징적이고 신화적인 한 문장에서 상징과 신화를 찾아냈음을 알아주기만 하면 충분합니다.

아리스토스여, 나는 당신에게 그 점을 충분히 느끼게 해주었다고 생각합니다. 추상적인 생각의 표현은 비유에 그칠 수밖에 없습니다. 이상한 운명에 따라, 형이상학자들은 외견이 지배하는 세상을 피했다고 믿었지만, 결국 영원히 비유 속에서 살아야할 신세가 되었군요. 슬픔에 찬 시인들입니다. 형이상학자들은 고대 우화들을 빛바래게 하고 우화를 수집하는 편저자에 불과합니다. 그들은 백색 신화[18]를 만들어냅니다.

---

17 베다 시대 브라만교의 경전으로 힌두교의 가장 오래된 경전을 이른다. 베다 시대라고 하면 기원전 2세기 중반 인도 아리아계 사람들이 북인도에 진출한 시기를 말한다.

18 여기에서 '백색 신화mythologie blanche'란 본래 지각이 가능한 의미에서 시작

아리스토스.

　친애하는 폴리필로스여, 이제 작별의 순간이 왔습니다. 나는
설득되지 않았습니다. 규칙에 따라 논리를 펼쳤다면 당신의 논
거에 반박하기가 좀 더 쉬웠을 텐데 안타깝습니다.

한 개념들을 가지고 철학자들이 형이상학적 사색의 과정에서 부정 접사들을
통해 단어와 그 의미를 분리해버리는 과정을 비판하는 의미로 쓰였다. 이후
20세기 프랑스 철학자 자크 데리다(Jacques Derrida, 1930~2004)가 쓴 기념
비적인 1971년 논문의 제목이기도 하다.

소수도원小修道院
— 테오도르 드 비제바* 에게

지난 10년 동안 어느 작은 수도원에서 사는 친구 장Jean을 방문했다. 나를 맞이하는 그의 모습에서는 속세의 걱정과 소망으로부터 자유로운 은둔자에게서만 나올 수 있는 차분한 기쁨이 느껴졌다. 장은 나를 데리고 경작하지 않는 과수원으로 내려갔다. 그곳은 그가 매일 아침 이끼로 뒤덮인 자두나무밭 사이에서 토기 파이프를 피우는 장소다. 우리는 자리를 잡고 앉았다. 무너져 내린 벽 아래, 삐걱거리는 탁자 앞 벤치에 자리를 잡고 점심을 기다렸다. 활짝 핀 꽃들과 시들어가는 꽃들이 뒤섞인 거품장구채 꽃송이들이 벽에 기대 하늘거렸다. 살랑거리는 길가 포플러 나무 잎사귀 위로 파리한 회색빛 구름과 함께 하늘에서 축축한 습기를 머금은 빛이 쏟아져 온화하고도 무한한 슬픔이 우리

머리 위를 스치는 듯했다.

장은 예의상 건강은 어떤지 일은 어떤지를 묻고 미간을 찌푸린 채 느릿한 목소리로 내게 말했다.

"내가 절대 글을 읽지 않는다고 해도 은둔 생활 중에 어떤 소식도 일절 듣지 않을 만큼 무지한 사람은 아니네. 자네가 신문 2면에다 어느 선구자의 의견에 반박하는 글을 실었다고 들었네. 여러 권력자의 친구인 사람 아닌가. 그는 과학과 지성이 인간이 경험하는 모든 악의 원천이요, 저장고라고 주장했지. 내가 제대로 이해했다면, 그 예언자는 우리의 삶을 순수한 상태로, 심지어 사랑스러운 상태로 되돌리기 위해서는 모든 사고와 지식을 아예 포기해야 한다고 말했네. 그리고 그는 오직 온화하고 맹목적인 자선을 통해서만 세상의 행복이 가능하다고 썼던 것으로 기억하네. 현명한 가르침이지. 이로운 금언이기도 하고 말이야. 다만 멋진 말로 표현해낸 것이 그의 잘못이자 결함이었네. 예술을 예술로 정신을 정신으로 맞서 싸우면 그저 정신과 예술을 위한 승리를 불러올 수밖에 없으니까. 적어도 나는 그런 한심한 모순에 빠지지 않았다고 자네가 정확히 평가해주리라 믿네. 그리고 내가 생각은 해악이요 글쓰기는 저주임을 깨달은 즉시 생각하고 글 쓰는 일을 포기한 사실을 자네도 알지 않나. 알다시피 내가 그 지혜를 깨달은 것은 1882년, 수없이 고생해서 내놓은 철학 소책자를 출판한 후였지. 우아한 내용을 논하는 책이라 철학자들의 조롱을 받았네. 나는 그 책에서 세상의 의미를 알 수 없다고 주장했어. 책에서 주장하는 내용으로 보아 내가 세상을 제대로 이해하지 못한 사람임이 분명하다는 비평을 들을 때마다 나는 화를 내곤 했지. 그때는 내 책을 옹호하려 했네. 하지만 책을 다시 읽어보니 나도 정확한 뜻을 알기 어려운 글이더군. 나 자신도 어떤 위대한 형이상학자 못지않게 애매한 글을 썼음을 깨닫게 되었네. 사람들은 애매하기로 유명한 형이상학자들에게 존경을 표하곤 하는데, 내게는 전혀 그런 태도를 보이지 않았다는 사실이 이상할 정도로 모호한 글이었지. 그 일이 있고 난 후 나는 초월적인 사색에서 완전히 손을 뗐네. 관찰을 바탕으로 하는 학문에 눈을 돌려 생리학을 공부했지. 이미 30여 년 전부터 생리학의 원칙은 상당히 안정적이었네. 생리학이라고 해봐야 코르크판에 개구리를 핀으로 제대로 고정해 신경과 이중 구조로 된 심장을 해부 관찰하는 것이 전부였지. 하지만 그 방법으로는 생명체들이 지닌 심오한 비밀을 알아내는 데 시간이 엄청나게 걸린다는 사실을 바로 알아차렸네. 순수 과학의 허영을 감지한 것이지. 수많은 현상의 한없이 작은 부분만을 포착해 어떤 옹호 가능한 체계 자체를 온전히 구성하기에는 순수 과학이 파악할 수 있는 이들 사이의 관계가 너무 적어. 잠시 산업에 몸을 담을까도 생각했네. 하지만 너무 유한 성품을 타고나서 포기했네. 미리부터 해를 끼치기보다 도움이 되리라 확신할 수 있는 사업은 없으니 말이야. 프란치스코 성인의 복장을 주로 입었고, 본인도 성인과 같은 삶을 살다 죽은 크리스토퍼 콜럼버스도 바닷길 발견이라는 자신의 성과가 인디언들을 수없이 죽이는 결과를 불러올 것을 미리 알았다면 아마 인도로 가는 길을 찾으려 하지 않았으리라 생각하네. 인디언들이 아무리 간악하고 잔인한 부족이라 해도 그들 역시 고통을 느낄 수 있는 사람이니까. 신대륙으로부터 황금뿐 아니라 미지의 질병과 범죄를 구대륙 유럽에 가져오리라 짐작했다면 콜럼버스는 항해하지 않았을지도 몰라. 멀쩡한 사람들이 대포와 총과 폭약을 거래해서 엄청난 돈과 명예를 얻었다고 말하면 몸이 부르르 떨려. 우리가 문명이라 부르는 상태가 사실은 지식이 축적된 야만 상태일 뿐이라고 굳게 믿네. 그래서 차라리 제대로 야만인이 되기로 했네. 파리에서 120km 정도 떨어진 이곳에서 그 목표를 달성하기란 어렵지 않았네. 하루가 다르게 사람들이 떠나고 있으니 말이야. 마을 길가에 버려진 민가들을 보았을 걸세. 농부의 아들들은 모두 도시로 떠났어. 이 시골의 땅은 너무 잘게 분할되어 더는 먹고 살 수 없게 되었네.

어느 날 어떤 수완가가 나타나 모든 들판을 사들여 거대한 사유지를 조성하는 상상을 할 수 있네. 그러면 아마 시골에서 작은 규모의 농사를 짓는 사람들은 사라질 테지. 대도시에서 소상인들이 사라지는 현상처럼 말이야. 뭐 바라는 대로 될 걸세. 그

점에 대해서는 걱정하지 않네. 6천 프랑을 주고 이 오래된 소수도원 터를 샀네. 멋진 돌계단이 보존된 탑이 있고, 내가 경작하지는 않지만 과수원이 딸린 곳이지. 여기에서 나는 하늘에 구름이 지나가는 모습을 보며 시간을 보내네. 아니면 들판에 앉아 흐드러지게 핀 산 당근의 꽃송이들을 바라봐. 과학이랍시고 개구리를 해부하거나 새로운 종류의 어뢰정을 만들어내는 일보다 낫다고 생각하네.

아름다운 밤에 잠들지 않으면 별을 바라보네. 별들의 이름을 잊어버린 후로는 별 보기가 즐거워졌어. 어떤 손님도 맞이하지 않고 아무 생각도 하지 않네. 내가 은거한 곳으로 자네를 초대하지도 않았지만, 그렇다고 자네가 온다고 해서 거절하지도 않았네.

자네에게 오믈렛과 포도주와 담배를 대접할 수 있어 기쁘네. 하지만 내가 키우는 개와 토끼와 비둘기들에게 매일 먹이를 주는 일이 훨씬 즐겁다는 사실을 자네에게 숨길 생각은 없네. 먹이를 주면 동물들은 힘을 얻고, 그렇게 얻은 힘을 동물들은 허비하지 않네. 사람들을 혼란하게 하는 소설이나 인간에게 독소 같은 생리학 개론을 쓰느라 허비하지 않는다는 말이네."

바로 그때 발그레한 볼에 연한 푸른색 눈을 가진 아름다운 젊은 여인이 포도주 한 병과 달걀을 가지고 왔다. 내 친구 장에게, 그렇다면 과학만큼이나 예술과 문학도 증오하느냐고 물었다.

"그렇지 않네"라고 그가 대답했다. "예술 안에는 증오의 무장을 푸는 어떤 유치함이 존재하네. 아이들 장난이라고 보면 돼. 화가들, 조각가들은 서툴게 이미지를 끼적이는 사람이라고, 인형을 만드는 사람이라고 봐야 해. 그게 다야! 그런 행동은 그다지 해로울 이유가 없네. 단어에 어떤 의미도 남아 있지 않게 완전히 허물을 벗긴 말들만 사용하니, 오히려 시인들에게는 감사해야 하네. 하지만 장난하는 시인은 건방을 떨지 않아야 하고, 이기주의자나 신경질을 잘 부리고 집착하며 시기심이 가득하고 편집증이나 정신착란에 시달리는 사람이 아니어야 하네. 그런 사람들은 멍청한 짓을 하는 주제에 명예를 추구하는 부류니, 그들이 하는 일이 미친 짓이란 말이네. 어딘가 병든 두뇌에서 나올 수 있는 모든 착각 중에서도 영광을 꿈꾸는 것이야말로 가장 우습고 가장 해로운 생각이지. 바로 그런 점 때문에 나는 그들을 딱하게 생각하지 않네. 여기에서는 일꾼들이 조상 대대로 내려오는 노래를 부르며 밭고랑을 따라 일하네. 목동들은 언덕배기에 앉아 회양목 뿌리 조각에 칼로 모양을 새기고, 또 종교 축일을 맞으면 주부들은 비둘기 모양으로 빵을 굽지. 그야말로 교만이 아직 타락시키지 못한 순수한 예술이라 할 수 있지 않은가. 이런 예술은 쉽고 또 인간의 약점에 비례하네. 반면 도시의 예술은 노력이 필요하지. 모든 노력은 결국 고통을 불러오는데 말이야.

하지만 과학이야말로 인간을 지나치게 괴롭혀 추하게 만들고 또 변형시키지. 과학은 인간을 사물과 불균형적인 관계에 두고, 인간이 자연과 맺는 거래의 진정한 조건을 변질 시켜. 이 땅의 생물들은 이해하라고 만들어진 존재들이 아니라 감각을 통해 느끼도록 창조되었음이 분명한데도, 과학을 통해 인간은 이해력에 자극을 받네. 과학은 우리 인간이 동물들과 마찬가지로 가지고 있는 신체 기관들, 그러니까 정말 유용한 기관들에 의존할 뿐인 두뇌라는 쓸모없는 기관을 발달 시켜. 또 과학은 인간이라면 본능적으로 필요하다고 느끼는 쾌락을 외면하게 만들지. 과학만이 만들어낼 수 있는 괴물들을 상상하게 만들어 우리를 끔찍한 망상에 빠지게 하네. 과학은 천체의 규모를 재서 우리가 한없이 작음을 깨닫게 하고, 지구의 나이를 계산해서 우리 인생이 얼마나 짧은지 깨닫게 하지. 또 우리가 볼 수도 도달할 수도 없는 무언가가 있음을 의심케 함으로써 인간의 부족함을 느끼게 하네. 미지의 세계에 끊임없이 부딪히게 해서 우리의 무지를 깨닫게 하고, 도무지 만족이 불가능한 우리의 호기심을 계속 자극해서 우리를 절망에 빠뜨리지.

순수한 사색만을 말하는 것은 아니네. 과학이 응용의 단계로 들어서서 만들어내는 기계들은 불쌍한 인간들을 괴롭히는 고문 도구라고밖에 생각할 수 없어. 산업 도시라는 곳을, 아니면 광산을 한번 방문해보게. 그곳에서 볼 수 있는 기계들은 과거 가장 격렬한 신학자들이 지옥을 묘사할 때나 상상했을 법한 모습을 하고 있네. 곰곰이 생각해보면, 산업 생산품들은 그것을 생산하는 가난한 이들에게는 덜 해롭지 않을까 싶네. 실제로 그 물건들을 사용하는 부자들에게 더 해롭지 않을까 하는 생각이 들어. 세상 모든 해악 중에서 사치가 단연 최악이 아니라고 할 수 있을까 하는 의심을 하게 되네. 온갖 생활 조건에 있는 사람들을 다 만나보았지만, 그중 가장 불행한 이들은 바로 젊고 아름다운 사교계의 여인들이었네. 매년 파리에서 드레스값으로 5천 프랑씩 쓰는 여인들의 삶이란 불치의 신경증을 유발할 수밖에 없어."

맑은 눈을 가진 아름다운 시골 처녀가, 자신의 어리석은 상태에 자족하는 듯한 표정을 지으며 우리에게 커피를 따라주었다.

내 친구 장이 막 입에 문 담뱃대 끝으로 그녀를 가리키며 말했다.

"보게, 저 여자가 먹는 음식이라고는 빵하고 라드뿐이네. 어제 갈퀴로 짚 다발을 옮기는 일을 했지. 아직 지푸라기가 머리카락에 묻어 있군. 그녀는 행복한 사람이고, 뭘 하든 순수하지. 손에 잡히는 해악으로 도덕적인 해악을 만들어낸 과학과 문명의 때가 묻지 않았으니 말이야. 거의 그녀만큼이나 어리석은 상태에 있다 보니, 나도 거의 그녀만큼이나 행복하네. 아무 생각도 하지 않으니 나를 힘들게 할 일도 전혀 없어. 반응하지 않으니 행동을 잘못할 위험도 없고. 나는 심지어 여기 정원도 가꾸지 않네.[1] 정원 일은 결과를 가늠할 수 없는 행위이기 때문이야. 이렇게 살다 보니 온전히 평안해."

내가 그에게 대답했다. "자네 처지라면 나는 그 평안함을 느끼지 못할 듯하네. 자네는 정당한 평화를 맛볼 만큼 내면의 지식과 생각과 행동을 완전히 제거하지 못했어. 조심해야 해. 무엇을 하든, 산다는 것은 반응하는 거야. 과학의 발견이나 발명품에 대해 자네는 겁을 먹지. 그 파급력을 가늠할 수 없으니 말이야. 하지만 가장 단순한 생각이나 가장 본능적인 행동 또한 가늠할 수 없는 결과를 동반하네. 자네는 지성과 과학, 산업을 과대평가하고 있네. 그것들이 우리의 운명을 엮어내는 유일한 주인공인 것처럼 말이야. 무의식적인 힘 또한 한 코 이상으로 인간의 운명의 그물을 엮어낼 수 있네. 산에서 굴러떨어지는 작은 조약돌 하나가 어떤 결과를 가져올지 예상할 수 있을까? 그 조약돌이 떨어지는 사건이 『노붐 오르가눔』[2]의 출판이나 전기의 발견보다 인류의 운명에 훨씬 중요한 역할을 할 가능성이 있지 않

---

1 아나톨 프랑스가 앞서 언급한 볼테르의 "우리의 정원을 가꿔야 한다Il faut cultiver notre jardin"는 문장을 투영하는 대목이라고 볼 수 있다.

2 Novum Organum, 신기관新機關. 1620년에 출판된 프란시스 베이컨의 철학서다.

을까.

알렉산더 대왕이나 나폴레옹이 세상에 출현한 것은 아주 독창적이지도, 대단한 심사숙고를 거치치도, 분명 매우 과학적이지도 않았네. 그런데도 수백만의 운명이 같은 길을 걸었어. 우리가 하는 행동의 가치나 진정한 의미를 아는 것이 과연 가능한가? 천일야화에 이런 얘기가 나오네. 철학적인 의미를 두지 않을 수 없더군. 메카에 순례를 하러 갔다 돌아오는 한 아랍 상인의 이야기야. 그가 길을 가다가 대추 몇 알을 먹으려고 어느 샘물가에 앉았네. 먹고 난 대추 씨들을 샘물에 던졌지. 그런데 대추 씨 중 하나가 운명의 신의 자식, 그러니까 눈이 보이지 않는 아들을 죽이고 말았어. 그 불쌍한 자는 자기가 먹던 과일 씨앗으로 그렇게 엄청난 일을 저지른 사실을 알지 못했네. 사람들이 그에게 어떤 죄를 지었는지 알려주었지만, 그는 여전히 어안이 벙벙했어. 자신의 모든 행동이 초래할 수 있는 결과에 대해 충분히 고찰하지 못한 것이지. 우리도 손을 휘두를 때 이 상인처럼 공기의 정령을 때리지는 않는지 대체 알 방도가 있나? 내가 자네 위치에 있다면 절대 평안할 수 없을 걸세. 내 친구여, 자네가 이 담쟁이와 바위떡풀로 뒤덮인 소수도원 터에서 취하는 휴식이 세상 모든 학자의 발견보다 인류에게 더욱더 커다란 중요성을 띠는 일은 아닌지, 혹은 미래에 진정 끔찍한 결과를 가져올 일은 아닌지 어떻게 확신할 수 있나?"

"말도 안 돼."

"불가능하지는 않네. 자네는 아주 특이한 삶을 살고 있어. 모아서 출판해도 될 만큼 희한한 말들을 늘어놓고 있네. 어떤 상황이 주어지면 원하지 않아도, 아니, 심지어 본인도 모르게 수백만 명이 따르는 종교의 창시자가 될 수도 있네. 그 종교는 수많은 신도를 행복하지만 품성이 못된 이들로 만들 테지. 다른 수많은 타인을 처단하러 나서는 사람들이 될 걸세."

"그러니까 순수하고 평안하려면 죽어야 한다는 말인가?"

"아, 그것도 조심해야 할 일이지. 죽는 행위야말로 그 파급력을 가늠할 수 없는 행동을 실행하는 것이니까."

옮긴이 **이민주**

학부에서 불어불문학을 전공한 후 영국으로 건너가 개발학을 공부했다. 이후 프랑스에서 20세기 인도주의 구호 NGO들의 활동을 주제로 한 논문으로 박사학위를 받았다. 아프리카, 중·북유럽, 중동, 한국에서 거주했고, 대학 강의와 영어, 프랑스어 통번역 활동을 병행하고 있다.

주요 역서로는 『나우토피아』, 『유한성에 관한 사유들』 등이 있다.